本书为福建省社会科学基金项目" 数字普惠金融发展与福建省区域技术创新水平提升研究"(项目批准号：FJ2021BF039) 和闽南师范大学校长基金项目" 数字普惠金融空间溢出及非均衡发展潜力研究"(项目批准号：sk21004)研究成果。

闽南师范大学学术著作出版专项经费资助项目

数字普惠金融发展
与区域技术创新水平提升研究

陈加民 著

厦门大学出版社 国家一级出版社
XIAMEN UNIVERSITY PRESS 全国百佳图书出版单位

图书在版编目(CIP)数据

数字普惠金融发展与区域技术创新水平提升研究 /
陈加民著. -- 厦门：厦门大学出版社，2024.6.
ISBN 978-7-5615-9421-6

Ⅰ. F831-39

中国国家版本馆 CIP 数据核字第 2024ZQ6052 号

责任编辑　潘　瑛
美术编辑　李嘉彬
技术编辑　朱　楷

出版发行　厦门大学出版社
社　　址　厦门市软件园二期望海路 39 号
邮政编码　361008
总　　机　0592-2181111　0592-2181406(传真)
营销中心　0592-2184458　0592-2181365
网　　址　http://www.xmupress.com
邮　　箱　xmup@xmupress.com
印　　刷　厦门市竞成印刷有限公司

开本　720 mm×1 000 mm　1/16
印张　15.75
插页　2
字数　210 千字
版次　2024 年 6 月第 1 版
印次　2024 年 6 月第 1 次印刷
定价　68.00 元

厦门大学出版社
微信二维码

厦门大学出版社
微博二维码

前　言

数字技术全面渗透到金融领域,带来了普惠金融效率的快速提升,由此带动了数字普惠金融的飞速发展。普惠金融是对传统金融体系的反思,秉承满足所有需要金融服务的人或群体的崭新理念,数字普惠金融既满足了弱势群体对金融服务的需求,也成为国家实施创新驱动发展战略资金支持的重要力量。普惠金融强调对小微企业、"三农"和偏远地区的金融服务,实施重点区域主要在乡村。在金融业发展"洼地"的农村地区,推行普惠金融业务有利于包括社会弱势群体在内的普通大众享受便捷优质的金融服务,而数字普惠金融则扩大了金融服务领域,实现了农村和城市空间全域金融服务的完整覆盖,从而为区域技术创新的深度发展乃至区域经济的高质量发展提供了资金源泉。

2023年,中央金融工作会议提出要做好科技金融、绿色金融、普惠金融、养老金融、数字金融五篇大文章。同年,中央经济工作会议指出要以科技创新推动产业创新,特别是以颠覆性技术和前沿技术催生新产业、新模式、新动能,发展新质生产力。新质生产力以创新驱动为核心,科技创新是发展新质生产力的核心要素,通过催生新产业、新模式、新动能,追求高质量发展的目标,为生产力的发展提供持续强劲的推动力和支撑力。因此,本书的出版符合当前的社会经济和金融发展态势,通过深度融合"数字金融"与"普惠金融"两种特色金融,植入科技创新元素,由此触及当前金融和经济高质量发展的热点问题。

本书首先系统分析了数字普惠金融发展与区域技术创新水平提升的研究现状,并重点阐述了数字普惠金融非均衡发展现状,紧接着研究了数字普惠金融与区域技术创新的耦合机制,并基于缓解融资约束视角、人力资本积累视角、产业结构优化升级视角,分别进行数字普惠金融对区域技术创新的影响的实证分析,提出构建数字普惠金融发展规范化服务体系,并设计出适合区域技术创新发展的政府配套政策体系。本书结合实际研究问题,在必要的研究假设预期框架下,通过运用2011—2020年省级面板数据,构建多维模型、采用多元化研究方法,在内生性问题处理与异质性分析基础上开展以数字普惠金融与区域技术创新水平关系为核心的实证内容研究,并获得以下研究结论。

第一,数字普惠金融发展和区域技术创新水平指数均呈现年度及区域的双向不均衡。省份或地市的数字普惠金融发展水平之间的绝对差距有逐年变小的态势,最终会收敛至同一个稳态水平。代表区域技术创新水平的R&D人员指标可以收敛至同一个稳态水平,但R&D支出和专利申请数处于不收敛状态。同时,省份或地市的数字普惠金融发展水平均存在条件收敛的特征,地市相比省份的条件收敛所需的时间更长。此外,总指数及覆盖广度所需时间相对较长,但使用深度所需时间随之减少,数字化程度所需时间最少。代表区域技术创新水平的R&D人员指标在相应的时间能达到收敛稳态水平,但R&D支出和专利申请数两个指标无法在短期内达到均衡状态。

第二,我国大部分区域的数字普惠金融发展与技术创新之间存在初级耦合及以上关系,但仍有小部分区域处于极低耦合状态。某一区域的数字普惠金融的发展对周边地区的技术创新水平具有负向空间溢出效应,即不利于周边地区技术创新水平的发展。政府的干预程度虽然有利于本地区技术创新水平的发展但对具有相似经济特征的地区具有抑制作用。城市化水平则相反,不仅有利于本地区技术创新水平提升,还助于提升其他地区的技术创新水平。

第三,数字普惠金融可以通过缓解融资约束,拓宽融资渠道,对企业技术创新产生正向促进效应,融资约束在两者影响过程中发挥着中介作用。以缓解融资约束为中介变量探讨数字普惠金融对各地区企业技术创新的影响效应存在异质性,相比中部,东部和西部发挥着更为显著的正向效应。此外,各省企业技术创新指数存在正向空间相关性,省份之间企业技术创新指数具有空间依赖性,表现为企业技术创新指数相近相邻的省份存在空间集聚效应。

第四,数字普惠金融以智能合约、区块链技术等方式灵活的金融资源运作模式,提高区域人才集聚优势从而促进技术创新,实证检验发现人力资本水平是数字普惠金融影响区域技术创新的中介变量。以人力资本积累为中介变量探讨发现数字普惠金融对各地区企业技术创新的影响效应存在异质性,东部、中部、西部的影响程度依次递增。数字普惠金融的三个子维度对技术创新的影响存在差异,实证检验发现提高数字普惠金融覆盖广度和使用深度能够更显著地促进技术创新。

第五,产业结构升级在数字普惠金融影响区域技术创新的过程中发挥中介传导作用。以产业结构升级为中介变量探讨数字普惠金融对各地区企业技术创新的影响效应存在异质性,实证检验发现,与非高新技术企业相比,数字普惠金融对高新技术企业创新发展的影响效果较为显著。数字普惠金融对东部和中部地区的区域技术创新发展都具有促进作用,对经济发展不发达的中部地区的区域技术创新的激励效果更加显著。

综合以上,本书采用非均衡发展模型分析了全国数字普惠金融的发展特点,应用耦合理论探索数字普惠金融与区域技术创新作用机理,在一定程度上丰富了数字普惠金融的理论研究。通过构建区域技术创新系统"钻石模型",结合宏观及微观调研数据,探析数字普惠金融与区域技术创新发展水平的交互作用机制,有助于增强该领域研究的说服力。进一步的,以覆盖广度、使用深度和数字支持等为测度变量,构建数字普惠金融发展水平评价机制,并且区分地域、企业性质类型不同创新主体,测度区域技术创新发展水平,可为后续研究提供有价值的理论借鉴。最后,基于缓解融资约束视角、人力资本积累视角、产业结构优化升级视角分别开展数字普惠金融对区域技术创新的影响实证分析,可进一步丰富数字普惠金融理论研究视角。本书体系结构安排严谨,研究视角较为新颖完整,所采用的案例研究方法富有特色,具有相应的学术价值,可以为数字普惠金融和区域技术创新的发展研究提供具有一定深度和参考价值的观点,供相应领域的专家学者和政府相关部门参考使用。

陈加民

2024 年 4 月

目　录

1 数字普惠金融与区域技术创新研究的现实必要性

1.1 研究背景、问题提出和研究意义

1.1.1 研究背景

普惠金融主要是要求金融机构给予贫困及弱势群体金融支持,以满足他们的金融资金需求。2006 年是中国普惠金融发展元年,2013 年十八届三中全会正式将"发展普惠金融"纳入执政行动纲领;同年,习近平总书记强调要引导金融机构加强和改善对企业技术创新的金融服务,加大资本市场对科技型企业的支持力度。普惠金融的发展已成为突破经济发展瓶颈、实现科技创新和经济高质量发展的一个重要路径。随着区块链、云计算、大数据等信息技术的不断发展,数字普惠金融得以飞速发展。2016 年杭州 G20峰会首次提出数字普惠金融泛指"一切通过数字金融服务促进普惠金融的行动",并通过了《G20 数字普惠金融高级原则》。随着数字普惠金融不断向纵深发展,数字普惠金融进入了由城市到农村的发展实施阶段,2021 年《中共中央 国务院关于全面推进乡村振兴加快农业农村现代化的意见》首次提出发展农村数字普惠金融,

2024 年《中共中央 国务院关于学习运用"千村示范、万村整治"工程经验有力有效推进乡村全面振兴的意见》再次重申发展农村数字普惠金融。2022 年《"十四五"国家信息化规划》提出要健全具有高度适应性、竞争力、普惠性的现代金融体系,构建金融有效支持实体经济的体制机制,增强金融普惠性。

创新驱动发展和区域协调发展已经成为国家历次重大会议所强调的发展的主路径。党的十八大推出"实施创新驱动发展战略";"十三五"规划纲要中也同样提到"深入实施创新驱动发展战略";党的十九大强调,创新是引领发展的第一动力,中国特色社会主义进入新时代,我国社会主要矛盾已经转化为人民日益增长的美好生活需要和不平衡不充分的发展之间的矛盾。区域不均衡发展成为阻碍矛盾解决的主要瓶颈,因而国家将实施区域协调发展战略列为建设现代化经济体系的六大任务之一。党的十九届三中全会提出勇于创新,统筹推进"五位一体"总体布局,坚持改革创新、理论创新、实践创新、制度创新;党的十九届四中全会提出要充分发挥科技创新引领作用;党的十九届五中全会特别提出应该要"坚持实施区域重大战略、区域协调发展战略、主体功能区战略,健全区域协调发展体制机制,完善新型城镇化战略"的方针,进一步突出区域发展的关键地位。党的二十大报告提出"完善科技创新体系和加快实施创新驱动发展战略","十四五"规划纲要中也同样提到"提升企业技术创新能力和完善科技创新体制机制"。2023年,《数字中国建设整体布局规划》提出要在金融领域加快数字技术创新应用。

由此可见,科技创新和区域协调发展已成为国家重大战略之一,普惠金融已成为国家既定发展政策,在"数字中国"的发展背景下,将数字普惠金融和区域技术创新发展结合起来,对推进"数字中国"建设和创新驱动发展战略实施具有重大意义。

1.1.2 问题提出

在大力发展数字经济的新时代背景下,数字技术创新和金融产业数字化已成为成功实现经济高质量发展与转型的关键。数字技术是一种中立的技术,它并不能改变金融系统的运作方式,但是却能在一定程度上改变传统的普惠信贷信息的识别、收集、处理和评估,并利用先进的技术方法对其进行价格补偿。当前中国已转型处于高质量发展阶段,科技创新进步速度较快,物质基础雄厚,市场韧性强劲,继续发展具备多方面优势条件,但是发展不均衡问题突出,基础科技创新、科技创新产业转化等方面不足,创新能力仍然不适应高质量发展要求。在创新驱动发展战略实施的政策背景下,当前中国技术创新水平较低的原因何在?制约中国技术创新的发展因素及其作用机制又是什么?中国实施创新驱动发展战略是否有理论支撑,是否经得起实践检验?这些均是当前学术界和政府决策部门热切关注并尚待实证检验的重要问题。

在探讨技术创新制约因素的文献中,专家、学者多基于金融功能理论、创新活动的金融需求理论、委托代理理论、信号传递理论、信息不对称理论等将对策视角一端投向了资金供给侧——金融领域(张璇 等,2019)。党的十九大提出"深化金融体制改革,增强金融服务实体经济能力"的倡议,更进一步强调了金融发展对技术创新的重要性。在理论上,已有研究验证金融发展可以通过缓解资金供给双方信息不对称、降低交易成本、分散风险、缓解融资约束、提高公司治理水平等路径对技术创新发挥无可比拟的支持作用。

然而,从现实层面看,受传统发展模式以及旧有经济体制的影响与制约,中国金融市场的传导机制不健全、资源配置效率低、深层次结构性矛盾突出等不平衡、发展不充分问题深刻影响了微观主体为其创新项目融资的可能性,严重遏制了区域内技术创新水平的提高(李晓龙 等,2021)。显然,数字普惠金融的发展为区域内企业技术创新资金的难点、堵点及痛点提供了相应的解决思路与对策。与此同时,值得注意的是,从宏观政策层面的角度出发,作为建设"数字中国"的重要模块,数字普惠金融被赋予极大的期望,也成为创建现代全新金融改革体系的关键一环。特别的,数字普惠金融依托具有高新技术含量的互联网、大数据、云计算以及区块链等核心技术手段,现已部分实现了与传统金融服务业务领域的融合与对接。据《北京大学数字普惠金融指数(2011—2020)》,省级数字普惠金融指数平均以每年 36.4% 的速度增长,从 2011 年到 2020 年指数值翻了近 10 倍,中国发展数字普惠金融业务速度十分迅猛。那么,数字普惠金融的跨越式发展能否助力区域内技术创新水平提升?对于跨区域的空间溢出效应如何?两者关系之间的桥梁和纽带为哪些关键要素?此外,数字普惠金融与区域技术创新能否肩负起服务实体经济、助力传统经济向数字经济转型的重任?这些问题的研究至今仍缺乏完整系统的理论探究和应用检验。

1.1.3　研究意义

1.1.3.1　理论意义

　　数字普惠金融与技术创新均是近年来学术界的热点话题,但是由于指标测度困难、机制影响单一且内部传导机理模糊等原因,很少有学者将两者置于同一框架开展细致研究。在本书研究框架的构建、完善期间,学术界虽然已经陆续出现关于数字普惠金融与技术创新关系的初探成果,但大多基于微观视角,不仅机制研究结论单一,而且研究方法也存在若干内生性问题。本书更多地体现与考察宏观环境要素的影响,而不是局限于微观企业某一特征的制约性研究,研究视角的转化有利于我们发现和创新更多微观视角中无法触及的研究内容,诸如探索多元化的机制传导路径、考虑空间溢出效应以及宏观因素影响下的非线性变化特点等。本书的研究切入视角、内容、方法以及初步研究结论等均丰富了有关金融支持、技术创新行为激励的理论体系,增强了交叉学科的融合,具有一定的理论价值与学术研究价值。

1.1.3.2 实践意义

与此同时,本书的研究内容、结论也具有十分重要的现实意义。首先,在百年未有之大变局的时代背景下,"十四五"规划承载着衔接"关键核心技术实现重大突破、进入创新型国家前列"伟大远景目标的使命,将当期发展规划重点对焦"双循环"、"创新"与"可持续发展",科技创新作为核心战略支撑,此时,我们探讨区域技术创新水平在金融供给端可能的突破路径,既顺应了政策倡导背景,也符合时代潮流。特别是在当下金融脱虚向实、服务实体经济的倡议下,在经济转型阶段创新驱动发展战略政策实施的基础上,研究数字普惠金融与区域技术创新水平关系及其对区域经济发展的影响不仅是一次崭新的学术性探索,更是对政府等相关部门政策制定的科学性、合理性以及过去近十年工作成果的阶段性检验。

随着金融改革的推进,数字普惠金融作为新兴模式萌生。在其蓬勃发展的当下,根据内生经济增长理论等内容,探究数字普惠金融对实体经济尤其是对宏观视角下区域技术创新水平这一决定经济增长关键要素的影响刻不容缓。探究数字普惠金融作用于宏观区域技术创新的效应、若干可能的传导机制,影响效果的空间溢出性特征,在重要门槛变量区间变化下可能存在的非线性关系以及数字普惠金融对区域技术创新水平的衍生、长期效应,即是否可以肩负起服务并驱动实体经济的责任等,不仅有助于政府相关决策部门更好地评估区域发展要件、完善科技创新体制机制、提高金融服务效率,而且通过整合各项资源促进区域内企业成长和发展,对企业如何运用好数字普惠金融这一工具以实现技术腾飞和转型、突破,形成大企业引领支撑、中小微企业成长为创新发源地的一体化融通创新格局,制订更加高效的金融监管方案,具有十分重要的现实指导意义与政策制定参考价值。

1.2 研究目标和研究内容

1.2.1 研究目标

1.2.1.1 理论层面目标

首先应用非均衡发展理论,探讨数字普惠金融发展不均衡问题;其次是通过波特(Porter)的创新驱动钻石体系模型构建区域技术创新系统"钻石模型",以诠释区域技术创新系统的协同关系;最后是应用耦合理论和中介效应理论,揭示数字普惠金融与区域技术创新交互作用规律。

1.2.1.2　应用层面目标

首先通过合理配置市场中的金融资源,并将其转换为有效供给,增加融资渠道、方式以及提高资源匹配的精准性,以支持创新活动的开展;其次可逐步完善金融基础设施建设,改善金融生态环境,以营造公平的融资制度环境,消除融资的体制歧视,激发创新主体的创新活力。

1.2.2　研究内容

本书围绕数字普惠金融的国家政策和区域技术创新的发展战略问题,遵循"问题提出—理论分析—实证分析—解决策略"的研究思路进行设计论证。

第一,数字普惠金融发展现状及经营风险分析。分析数字普惠金融发展现状和存在的基本问题,着重分析数字普惠金融资源配置优化的宏观背景、历史发展及面临的机遇和挑战、战略地位,定性分析数字普惠金融发展的变动趋势。

第二,数字普惠金融与区域技术创新的耦合机制研究。通过运用序参量功效函数与耦合协调度函数定量分析数字普惠金融与区域技术创新群体的耦合协调度,以探索二者的交互作用机理。

第三,数字普惠金融对区域技术创新的影响实证分析。选取代表普惠金融发展影响因素的具体变量,运用面板数据模型,采用中介效应模型进行实证检验,以工具变量估计解决内生性问题,并分区域、分创新主体进行异质性检验,以准确度量各影响因素,形成激励区域技术创新的分析机制。

第四,数字普惠金融发展策略选择及政府配套区域技术创新体系建设。提出构建数字普惠金融发展规范化服务体系,并设计出适合区域技术创新发展的政府配套政策体系。

1.3 研究思路和研究方法

1.3.1 研究思路

本书从数字普惠金融和区域技术创新的发展现状出发,探索破解困境的新理念和新思路,技术路线如图 1-1 所示。

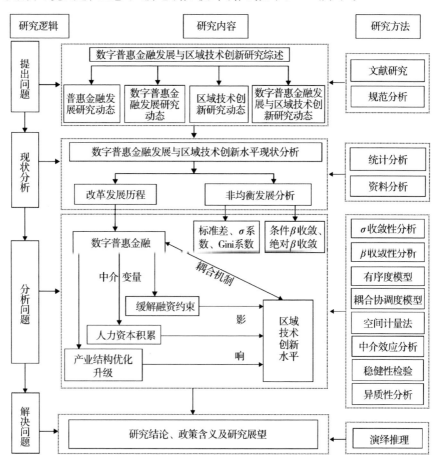

图 1-1 本书技术路线

1.3.2　研究方法

1.3.2.1　文献研究法

本书紧扣研究选题,在归类分析和归纳总结数字普惠金融和区域技术创新相关文献资料的基础上,获得相应的理论启发和思路参考。如对数字普惠金融非均衡发展和空间溢出的模型选择、数字普惠金融和区域技术创新之间耦合机制研究、中介变量的选择、各类实证研究方法在较多的文献中得到选择和使用,直接为本书提供了合适的分析框架。

1.3.2.2　定量研究法

从研究县域、地市和省份的数字普惠金融发展和区域技术创新指数出发,计算得出各类非均衡发展指数模型数据,并从 σ 收敛和 β 收敛探讨非均衡发展指数增长的收敛性。运用有序度模型、耦合协调度模型和空间杜宾模型研究技术创新群体及数字普惠金融群体之间的耦合机制和空间溢出效应。以融资约束、人力资本积累和产业结构优化升级作为中介变量,通过固定效应模型和中介效应模型研究数字普惠金融对区域技术创新的影响机制,并采用工具变量法解决内生性问题,同时进行异质性检验。

1.4　研究样本、研究区域与数据来源

1.4.1　研究样本

2011—2020 年全国各省份、地市和县域的相关主体。

1.4.2 研究区域

面板数据计量模型采用全国数据,以省份为基本单元,并拓展至地市及县域。将全国区域分为东部、中部、西部三个区域,区域划分标准为:东部地区包括北京、天津、河北、辽宁、上海、江苏、浙江、福建、山东、广东和海南;中部地区包括山西、吉林、黑龙江、安徽、江西、河南、湖北和湖南;西部地区包括内蒙古、广西、重庆、四川、贵州、云南、陕西、甘肃、青海、宁夏、西藏和新疆。

1.4.3 数据来源

考虑到数据的可获得性,本书所取数据为 2011—2020 年的面板数据,均来自《中国统计年鉴》、《地方统计年鉴》、《北京大学数字普惠金融指数报告》、国泰安数据库(CSMAR)、Wind 数据库和各上市公司所披露的年度报告。

1.5 创新之处

1.5.1 视角创新

多角度分析创新发展所受约束条件。现有研究多从创新活动所受的融资约束角度进行研究,缺少其他角度的分析。本书认为政府及金融管理部门可以通过制定政策影响其数字普惠金融发展系统各要素的变化,进而改变各要素之间的交互影响作用,以强化数字普惠金融发展对区域创新能力提升的动力。

1.5.2 观点创新

揭示数字普惠金融发展与区域创新水平提升的基本规律、主体关系、运行机制。当前对不同区域和不同类型企业的技术创新的研究还比较少,对于提升区域技术创新的数字普惠金融政策及制度制定尚无定论。通过课题研究有利于设计出适合区域技术创新发展的数字普惠金融的政府配套政策。

1.5.3 方法创新

运用耦合模型法和中介效应模型法。采用序参量功效函数与耦合协调度函数定量分析数字普惠金融与区域技术创新群体的耦合协调度,确保二者作用机制的科学性。同时以三个关键变量的中介效应为基准,采用中介效应检验模型,进行异质性分析,由此探讨数字普惠金融对区域技术创新的影响机制。

2 数字普惠金融发展与
区域技术创新研究综述

本章对基于研究需要与重要性相关内容的文献进行梳理，先以普惠金融发展、数字普惠金融发展和区域技术创新单独梳理总结，后采用金融发展与区域技术创新、普惠金融发展与区域技术创新、数字普惠金融发展与区域技术创新的两者关系进程进行细致整理阐述，旨在探寻数字普惠金融发展与区域技术创新的研究者足迹，以完整把握研究内核。

2.1 普惠金融发展研究动态

普惠金融的早期研究首先建立在"金融排斥"的基础上（何德旭 等，2015；周立，2016），Leyshon 和 Thrift（1993）认为金融机构网点的撤并降低了农民的金融资源可得性，由此界定了地理层面的金融排斥，金融排斥造成金融资源的空间分配不均，加剧了金融密度的空间差异（李建军，2017）。由于普惠金融（金融包容）与金融排斥是解决同一个问题的两个侧面（张国俊 等，2014；高霞，2016），所以普惠金融和金融排斥的评价指标和研究方法可以互相借鉴（吕勇斌 等，2015）。韩俊（2009）认为普惠型农村金融体系可以有效缓解农村地区的金融排斥。进一步,马九杰与池杰(2010)提出应该缓解和打破农村地区的金融排斥,以利于农民实现增收。普惠金融体系是开放的体系,可以让微型金融与更加广阔的金融体制进行融合发展(焦瑾璞 等,2015),普惠金融密切联系"三农"问题和乡村振兴计划,其发展备受学者关注(马九杰,2008;唐亚晖和刘吉舫,2019)。当前普惠金融发展水平的研究主题主要围绕评价指标体系(指数)及方法、作用评价和影响因素三个方面展开研究。

2.1.1 评价指标体系及方法研究

普惠金融发展水平评价关键点在于恰当选取指标体系,金融组织和学者们对于评价指标体系的选取和运用已经相对成熟。2004 年,国际货币基金组织(IMF)首次采用 2 个维度 8 个指标来评价各国的金融可得性和使用情况,2012 年世界银行(WB)将该指标体系大幅度拓展,增加 5 个维度和 39 个核心指标,最终建立了一套完整的金融普惠指数(GFCI),与之相伴而生的是 G20 普惠金融基础性指数。国际金融全球合作伙伴(GPFI)基于供给需求双方数据,在 GFCI 中增加金融产品与服务的质量维度,使评价指标体系更为完整权威。在金融组织所制定的指标体系基础上,国内外一些学者围绕指标选择、数据来源和计算方法开展了更为系统的应用研究。

在指标选择层面,出现了拓展与精炼的两组不同选用方式。Beck(2007)基于银行金融服务的可得性和使用性的维度提出银行覆盖面的测度指标。Sarma 和 Pais(2008)从金融机构地理渗透性、金融服务可得性和使用效用性三个维度构建了普惠金融指数

(IFI),并于 2011 年和 2014 年先后测算了 45 个和 110 个国家的 IFI 指数。Arora(2010)则采用普惠金融成本和便利程度两个维度指标进行测算,比较了发达国家和发展中国家的普惠金融水平值。Gupte、Venkataramani 和 Gupta(2012)则进一步拓展了之前普惠金融指数的测度指标,构建了金融使用性、金融成本、金融交易便利程度和金融渗透性四个维度,Gimet 和 Lagoard-Segot (2012)指出想要促进普惠金融的发展,可以通过加快资本市场的发展和在正常范围内加速金融机构之间的竞争等途径实现。Chakravarty 和 Pal(2013)在 IFI 评价指标体系中加入了包容性参数。值得一提的是,Rahman(2013)在金融渗透便利度和金融使用效率的基础上,首次引入金融满意度和金融吸纳率维度,加权平均后综合得出普惠金融综合发展指数,使评价体系更加科学规范。学者们参照国际普惠金融指数体系计算相关国家普惠金融发展情况成为普惠金融的一种研究趋势,如伍旭川和肖翔(2014)参照 G20 普惠金融基础性指数,采用可得性、使用情况和服务质量 3 个维度 11 个指标测度全球 133 个国家的普惠金融发展水平值。马彧菲和杜朝运(2016)进一步利用国际货币基金组织开展的“金融接触调查”FAS 数据库,采用服务范围和使用情况 2 个维度 11 个指标,得出国际上 28 个可计算数据的国家与地区普惠金融发展水平值。此外,Jukan、Babajic 和 Softic(2017)变换绝对值指标体系为相对值指标体系,采用金融机构拥有账户的百分比、人口储蓄百分比以及人口借贷百分比三个占比指标计算了西巴尔干国家的普惠金融水平。

在数据来源层面,出现了两个路径。第一个路径是微宏观全数据收集。从金融机构供给方的角度提炼宏观数据,从需求方的角度获得微观数据,构建普惠金融宏微观指标体系,成为综合研究普惠金融水平指标体系的一种途径(王婧 等,2013;何晓夏 等,2014;陆岷峰 等,2016;刁其波,2017)。焦瑾璞、黄亭亭和汪天都(2015)采用全数据收集形式,从服务可得性、使用情况和服务质量3个维度首次全面编制国家层面、省际层面的普惠金融发展指数,同时进行区域范围内的研究分析和综合评价。第二个路径为扩大数据采集范围。由银行机构数据拓展至证券和保险的行业数据,杜强和潘怡(2016)则采用需求方的服务可得性和供给方的产品使用情况2个维度8个指标的评价体系,使用银行、证券和保险3个金融部门面板数据测度了31个省、自治区、直辖市的普惠金融发展水平。付莎和王军(2018)选用渗透度、使用度、效用度3个维度构建普惠金融指数,整合银行、证券和保险3个金融部门数据得出各省份普惠金融发展水平。

在计算方法层面,出现了与不同指标维度相对应的不同计算方法。刘波、王修华和彭建刚(2014)采用人类发展指数计算方法,从渗透性、使用效用性和可负担性3个维度合成金融包容指数,计算出湖南省87个县(市)普惠金融发展水平;而江振娜等(2015)同样采用人类发展指数计算方法,以金融排斥6个维度的分析框架,测度福建省农村信用社金融服务水平值;陈加民和谢志忠(2020)采用渗透度、使用度、效用度和承受度4个指标,应用Cov-AHP方法计算不同第一大股东类型农村信用社普惠金融发展水平值。杨军、张龙耀、马倩倩和黄馨谊(2016)采用因子分析法,从金融可得性、服务使用情况和发展质量3个维度构建县域普惠金融发展评价体系,测度江苏省县域普惠金融发展整体趋势;而高岩芳和王伟(2019)同样采用因子分析法,从金融服务的使用基础、使用情况、服务质量 3 个维度对 6 个省市普惠金融实施绩效进行测算及对比分析,以进一步精准量化研究普惠金融发展绩效。张晓琳和董继刚(2017)则采用变异系数法,从农村金融机构地理渗透性、金融产品接触性、使用效用性 3 个维度构建指标体系计算中部 3 省的普惠金融水平值。张宇和赵敏(2017)采用普惠金融指数(IFI)计算方法,从农村金融机构的设置比例、市场份额、农村金融服务的覆盖率和使用情况 4 个维度测度西部 6 省农村的普惠金融水平值。张珩、罗剑朝和郝一帆(2017)使用层次分析法,从渗透度、使用度、效用度、承受度层面构建指标体系,并以此测度陕西省及各区域的普惠金融发展水平值。

综合上述研究,可以发现普惠金融发展水平指标体系主要围绕可得性、使用效用性和服务质量 3 个维度展开,不同的指标体系应选择不同的计算方法,数据来源决定所测算主体的普惠金融发展水平值。此外,大部分研究主要从普惠金融供给方银行金融机构角度进行分析。

2.1.2　普惠金融发展水平的作用评价研究

为分析预测各个地方的普惠金融发展态势,部分学者通过普惠金融指标值进一步挖掘所测度区域普惠金融发展的敛散性。陈银娥、孙琼和徐文赟(2015)从金融服务的渗透度、可得性、使用效用性、承受度 4 个维度测度 30 个省、自治区、直辖市普惠金融发展水平,发现全国呈现东部地区发散、中西部地区收敛的普惠金融发展态势。赖永剑和贺祥民(2017)则侧重于金融服务角度,分别从渗透度、便利度、有用度 3 个维度处理区域金融包容指数,并得出全国各地区的金融包容水平不存在全局性收敛,但不同金融包容水平所组成的不同俱乐部则存在局部收敛。胡宗义、丁李平和刘亦文(2018)从渗透性、服务可得性、使用效用性、可承受性4个角度测算普惠金融水平值,发现全国及中部地区存在着明显的 β 绝对收敛即普惠金融发展较为稳定,东、西部地区则不明显。而孙英杰和林春(2018)参照地理渗透性、产品接触性以及使用效用性3个维度进行测算,发现中部和西部地区存在绝对 β 收敛,即二者增速差距会缩小,东部和西部地区存在条件 β 收敛即二者发展会趋于稳定水平;但东部地区不存在绝对收敛,即东部地区结构异质性突出,而且中部地区不存在条件收敛,即中部地区普惠金融发展不均衡。

此外,研究还表明普惠金融与经济增长、缓解贫困之间存在着非线性关系。陆凤芝和黄永兴(2017)、付莎和王军(2018)发现普惠金融与宏观经济发展之间呈倒U形关系,同时普惠金融对于人均收入和中小企业的发展具有正面影响。而马李涛、徐翔和孙硕(2016)则发现在所有普惠金融指标中,企业投资资金来自银行的比例越高,世界各经济体的经济增长就越慢。胡文涛(2015)认为普惠金融还有助于提高金融消费者对金融参与权、公平交易权和受教育权的权利认识,以减少金融认知带来的贫困。张栋浩和尹志超(2018)基于2015年CHFS(中国家庭金融调查)数据,发现改善金融普惠状况将有助于降低农村家庭的贫困脆弱性,其中渗透度维度体现得最为明显,金融普惠通过提高农村家庭风险应对水平可以降低贫困脆弱性。李建军和韩珣(2019)在县域和省际两个层面检验了普惠金融的政策效应,发现要建立广泛包容、特定配比和商业可持续的制度框架和信息化普惠金融体系,才能有效促进收入分配公平和减缓贫困。

总之,金融机构的普惠金融发展水平主要体现普惠金融发展的均衡程度,以此衡量与普惠金融所倡导的减少不公平和贫困目标的契合程度,这是普惠金融发展的社会意义及其应该承担的社会责任。

2.1.3　普惠金融发展的影响因素研究

普惠金融发展影响因素的研究观点和分析角度多且杂。在文献研究逻辑主线的梳理上,本书主要将分析主体定位为供给方金融机构,涉及金融机构的硬件建设和内部经营特征,并围绕所处外部环境和政策条件展开观点归纳。

2.1.3.1　金融机构硬件建设和财务软性特征

国外对于影响因素的研究主要分为金融机构硬件建设和财务软性特征的两条路径。强调金融机构基础设施建设的研究主要有:Claessens(2006)研究发现影响普惠金融发展的首要因素为金融供给机构自身的货币性壁垒,同时应加强金融机构基础设施建设和开放金融市场竞争,Sarma 和 Pais(2008)发现外资股权性质、不良资产及资本资产比率与金融包容显著负相关,金融基础设施和营业收入则为正相关因素,Appleyard(2011)发现金融服务网点地理分布的不均衡,不利于普惠金融发展。而强调金融机构财务软件特征的研究主要有:Bester 等(2008)通过问卷调查数据得出影响普惠金融发展的关键因素是金融产品结构设计,不合理的金融产品设计促使人们不愿意选择正规金融服务渠道。Chithra 和 Selvam(2013)研究发现,存款和贷款渗透率显著影响普惠金融。而 Anzoategui、Demirguc-Kunt 和 Peria(2014)则认为银行政策、战略、技术和资金支持则是正面影响因素。Allen、Demirguc-Kunt 和 Klapperl(2016)使用 123 个国家中 12.4 万人的调查样本数据,发现银行开设账户成本、金融机构可得性、法律有力保护程度和政治环境的稳定性是普惠金融最主要的影响因素,同时验证了银行账户所有权和使用权对于普惠金融的影响。

国内学者的研究更多围绕金融机构的财务软性特征展开。董晓林和徐虹(2012)发现银行政策的倾斜能正向促进普惠金融发展,如较低的开设账户成本、更广泛的分支机构、较少的文件材料要求、使用银行账户可以获取政府补贴等。郭田勇和丁潇(2015)运用全球金融包容性专题调查数据,研究结果表明同时影响发达国家和发展中国家普惠金融发展的因素主要是金融机构信贷资源价格、公民金融意识和经济发展水平。与之相对应,张彩云(2016)同时认为金融机构自身的信贷政策、经营方式、金融产品符合有效需求对普惠金融产生显著的影响。从金融产品供给角度,陆岷峰和葛和平(2016)提出了产品服务深度、产品服务广度、网点数和产品数为普惠金融发展的正向影响因素。此外,龙云飞和王丹(2017)通过验证四川省普惠金融发展指数与影响因素之间的灰色关联系数,得出主要影响因素为金融供给和信息化水平。其中金融机构的服务成本、设施、存贷比和利润最大化等因素同样影响普惠金融发展水平,金融机构的服务成本主要在于距离和信息交换问题,数字普惠金融无疑成为解决这一问题的最佳形式,设施的配备和维护同样带来成本问题,而存贷比涉及金融机构资金流动问题,利润最大化关系到金融机构的经营管理定位。

2.1.3.2 金融机构所处外部环境和政策条件

国外学者对该部分的研究关注点相对分散。Molyneux 和 Valelado(2008)在研究欧盟金融排斥过程中发现,金融自由化程度、国家人口数量、政府政策扶持力度是影响金融排斥的主要因素。Priyadarshee、Hossain 和 Arun(2010)采用印度三个州的金融机构数据分析得出,政府推行的社会保护计划能显著提高普惠金融水平。Bihari(2011)通过研究认为手机银行是印度普惠金融发展的主要影响因素,手机银行使用与否主要取决于印度贫困人群和非银行客户能够接受手机消费成本,同时手机交易模式具有成本低和即时交易的优越条件,有利于普通大众接受金融服务。Aga 和 Peria(2014)调查了非洲 5 个国家的 1 万户家庭,研究发现,调查家庭中若需要办理国际汇兑业务则开设银行账户概率显著增大,说明国际汇兑业务的办理会正面显著影响普惠金融发展水平(Anzoategui et al.,2014)。Fungacova 和 Weill(2015)通过对比研究金砖国家普惠金融发展状况及影响因素,得出收入、受教育程度和年龄能显著影响普惠金融水平。

国内学者研究关注点主要集中于政府调控、交通便利、收入差距、经济发展和信息技术五个角度。王婧和胡国晖(2013)及赵孟惟(2019)通过银行业数据实证检验,发现金融调控、接触便利、收入差距和三大产业对 GDP 拉动的宏观经济视角显著影响普惠金融发展水平。随着信息技术的发展速度日益加快,线上普惠金融发挥着更重要的作用,张晓琳和董继刚(2017)发现互联网发展可以带动提高网络普及率,推动互联网金融发展,从拓宽服务渠道和降低服务成本角度提高农村金融普惠金融覆盖率,正向显著影响农村普惠金融发展。张宇和赵敏(2017)认为以互联网普及率为主要信息通信的信息技术水平对于农民快捷获得金融服务具有重大意义,应重视加大农村地区的宽带和通信基站建设,徐光顺、蒋远胜和王玉峰(2018)发现信息通信技术对农户特别是与金融机构地理位置距离较远的农户,在促进普惠金融发展中发挥的作用更大。

也有学者从其他不同角度提出研究观点,冉笑影(2015)从民生角度,得出医疗、就业、社会保障和城镇化发展程度显著影响普惠金融发展水平。张珩、罗剑朝和郝一帆(2017)则认为影响农村普惠金融发展水平的主要因素为政府财政支出、城乡收入差距、投资环境、竞争环境和产业结构。陆凤芝、黄永兴和徐鹏(2017)通过分期跟踪普惠金融发展情况,发现普惠金融的滞后一期值、人口密度、等级公路密度、高等院校在校学生数占比对普惠金融的发展影响显著。

通过上述文献发现,当前金融机构普惠金融发展水平较低的内部制约因素主要有金融设施设备不健全、技术力量不足、网点不足且分布不均衡、金融产品设计不合理、普惠经营战略失败、金融服务成本高、逐利动机过强等,而外部制约因素则体现为政府支持不够、交通便利程度不高、城乡收入差距过大、经济发展水平不高、信息化建设落后和金融市场环境亟须改善等。由此可知,银行金融机构提升普惠金融发展水平的影响因素取决于机构对普惠金融战略的顶层设计,特别是经营战略的定位与实施,此外,必须深度调整内部机构,外部股东法人的引进对于金融机构及时调整经营决策具有鲇鱼效应,以便更好地改善普惠金融发展状况。

2.2 数字普惠金融发展研究动态

随着数字技术的发展,普惠金融进入金融数字普惠阶段,不仅贫困人口与小微企业等弱势群体,包括农民及小微企业在内的人群也都可以获得快捷度高、门槛低的金融服务,这在很大程度缓解了弱势群体的金融焦虑,也在一定程度上解决了金融排斥问题。

2.2.1 数字普惠金融的影响因素

不同于提供普惠金融服务的金融机构影响因素,数字普惠金融的影响因素主要聚焦于政府层面、社会层面和经济层面。汪雯羽等(2022)表明政府对数字普惠金融发展的干预存在两种方式,一是制定政策直接干预,二是通过干预经济社会环境和金融市场发展进行间接干预。政府政策对数字普惠金融的发展存在重要影响,如投资、税收、监管等政策的制定与执行,都可能影响数字普惠金融的普及和发展。梁榜和张建华(2019)认为影响因素主要有技术、资本、市场和政策,并且存在地域空间的集聚性,社会方面主要包含政府丁顶、城乡收入差距和居民受教育程度等。经济方面主要包括传统的金融发展水平、经济总发展水平、居民可分配收入和第三产业占比等。梁双陆和刘培培(2019)研究发现城乡在获取金融服务方面存在二元性,数字普惠金融通过发挥地理区域的渗透性、使用有效性和产品基础性大大缓解了这一困境。董晓林和张晔(2021)则认为区域的自然资源对数字普惠金融存在影响,如果一个地区的经济发展类型是自然资源消耗类型,则该区域的数字普惠金融发展就会受到抑制。李子丰(2022)研究表明国家经济发展、国家干预、人均收入水平、国民人口结构等经济及社会因素对数字普惠金融发展存在显著影响。在经济发展充足的地区,数字普惠金融的普及率可能会更高。

2.2.2 数字普惠金融指数测度

在测度指标方面研究上,蒋庆正等(2019)从应用广泛性、使用深度和可持续性3个维度以及19项具体指标构建我国东、中、西部15个省份的农村地区数字普惠金融指数评价体系。任碧云等(2019)将其重新划分为数字支付服务使用情况、数字投资服务使用情况、数字借贷服务使用情况以及数字金融的可得性四个维度,测度数字普惠金融指数。唐松等(2020)为了更精确地刻画数字金融发展对企业技术创新活动的影响,将数字金融指数分解降维至两个对称的层面:数字金融覆盖广度和数字金融使用深度。北京大学数字普惠金融研究中心利用蚂蚁金服等大量微观数据,融合数字普惠金融与中国经济发展现实情况,从不同的层面搭建了相对合理的指标体系,构建了包含数字金融覆盖广度、使用深度以及数字化程度3个维度的33个指标数字普惠金融指标体系(郭峰等,2020),该份指标体系所构成的数据库成为学者们研究数字普惠金融领域经常使用的数据来源。除此之外,国外学者 Purva Khera 等(2022)从智能手机使用率、无线网络覆盖率、在线支付、信贷、保险等方面建构指标体系,并以此计算中国、巴西等新兴发展中国家的数字普惠金融水平。冯兴元等(2022)健全了我国县域以及城镇的数字普惠金融指数评价指标体系。他们采用网商银行在我国 1884 个县的业务数据和相关社会经济统计的数据,评价指标涵盖数字普惠金融的服务质量、广度以及深度三大维度。

普惠金融的早期研究建立在"金融排斥"基础上,普惠金融体系是开放的体系,焦瑾璞等(2015)认为可以让微型金融与更加广阔的金融体制融合发展。中国政府鼓励将大数据、云计算以及移动互联网等数字技术与传统金融行业深度融合以催生新的金融业态,促进了数字金融这一新型金融模式的蓬勃发展。郭峰等(2016)的研究表明,以信息技术为支撑的数字普惠金融能有效降低金融交易和经营的成本,拓展金融服务覆盖范围及触达能力。

2.2.3　数字普惠金融的空间外溢

普惠金融发展存在着空间外溢效应。李建伟(2017)在变异系数法确定指标权重的基础上构建普惠金融发展指数,采用空间计量模型实证检验了省域普惠金融发展对城乡收入分配差距的影响,其中"地理维度的渗透性"子维度在现阶段我国数字普惠金融的发展中起主导效应,大部分省域普惠金融的发展对缩小本省域城乡收入差距具有显著的作用,周边省域普惠金融的发展对本省域城乡收入差距的改善存在空间溢出效应。张兵和张洋(2017)通过构建空间计量模型分析县域数字普惠金融的影响因素,发现江苏省44个县域数字普惠金融的发展水平存在显著差异,苏南县域地区金融普惠水平较高,多数苏中和苏北县域地区金融普惠水平较低,且存在空间正相关性,即地理位置相近的县域具有相似的数字普惠金融发展水平;影响县域数字普惠金融水平的主要因素有经济发展水平、互联网普及率、教育普及程度和道路密度。张子豪和谭燕芝(2018)运用空间面板模型分析数字普惠金融对中国城乡收入差距的影响,数字普惠金融对城乡收入差距的缩小具有显著的促进作用,可以提升低收入群体福利水平,帮助欠发达地区加速发展。沈丽等(2019)通过 Dagum 基尼系数与扩展的分布动态学模型考察中国数字普惠金融的区域差异及分布动态演进,发现全国数字普惠金融发展水平整体呈现下降趋势,与东中部相比,西部地区发展速度较快,呈上升趋势;东部地区多极分化现象明显,中部和西部区多极分化逐渐消失。耿良和张馨月(2019)利用空间计量模型分析影响数字普惠金融发展的因素及其空间溢出效应,认为我国省域数字普惠金融发展水平存在较大差异,金融服务的可获得性对我国数字普惠金融发展水平的区域差异起主导作用,在省域之间具有较强的空间集聚特性。林春等(2019)利用 2005—2016 年中国 272 个地级及以上城市面板数据,结合探索性空间数据分析的方法,考察中国城市数字普惠金融发展的时空格局演变及空间集聚特征,发现在全域上我国城市数字普惠金融发展存在显著的正向空间相关性,在局域上我国城市数字普惠金融发展主要表现为高-高集聚和高-低集聚。王雪等(2020)运用空间趋势面和泰尔指数检验县域数字普惠金融发展的演进态势发现,中国县域数字普惠金融发展水平逐步提升但呈现出"东高西低、南高北低"的空间非均衡状态,全国县域数字普惠金融发展的总体差距在缩小,省内县级区域间的数字普惠金融发展差距是总体差距的主要来源,且在数字普惠金融发展水平落后的西部地带和低-低集聚区内实现了最快的收敛速度。

2.2.4　数字普惠金融对经济的影响

数字普惠金融对经济影响存在着直接作用路径和间接作用路径,David Mhlanga(2022)指出数字普惠金融已经成为推动经济高质量发展的一种不可或缺的金融模式。

就直接作用路径而言,由于数字普惠金融服务所具有的覆盖度高、便利性足和使用度强,可以有效覆盖传统金融服务无法到达区域,将金融的普惠发挥到极致(Lagna and Ravishankar,2021),数字普惠金融将正规金融机构需要的金融服务要件加入数据分析技术,对缺乏可靠数据支撑的如小微企业及弱势群体加以数据分析清晰画像,以满足正规金融机构贷款条件,从而满足了该部分人员的金融服务需求,同时让金融机构拓宽了资金流动对象,降低信息收集成本。此外,数字普惠金融可以使用数据合集对金融需求人员进行安全测评以实现风险管控(Frost,2019)。杨伟明等(2020)发现数字普惠金融整体上能显著提升我国城乡居民人均可支配收入水平,在提升效果方面城镇显著优于农村。何宗樾等(2020)认为由于数字鸿沟的存在,农村地区的贫困情况会更加严峻,因此要大力提高数字普惠金融的覆盖率以及发挥普惠性特征,共享发展红利。Pal(2022)研究发现数字普惠金融有助于大大增加创新主体信贷资金获得性,促进消费以提升经济增长。邢培学等(2022)研究发现数字普惠金融可以优化收入分配结构、缓解融资供给、为经济注入活力等方式,进而实现减缓农村相对贫困的目的。耿旭令等(2022)研究认为数字普惠金融及 3 个维度更容易在农村尤其是贫困地区普及金融服务,达到金融推动农村产业及经济发展的目的。张林等(2023)发现在中国东部地区,数字普惠金融对民营经济增长的影响作用更大同时减贫效应更加明显。由此可见,数字普惠金融成为提高居民收入水平和缓解贫困差距的直接作用媒介手段。

就间接作用路径而论,封思贤和宋秋韵(2021)认为数字普惠金融融合新兴技术和普惠金融的双重优势拓展了居民消费增长和升级的渠道,由此体现了居民消费行为的平滑和增值效应,从而促进居民消费以实现经济增长的目的。与此类似,黄凯南和郝祥如(2021)研究发现数字普惠金融通过支付机制创新、互联网消费信贷等方式改变了支付方式和支付环境,以此加大消费频率,增加群体消费和扩大消费规模经济效应。此外,钱海章等(2020)研究发现数字普惠金融发展促进了技术创新与地区创业,并进而推动了经济增长,即数字普惠金融发展促进经济增长的创新和创业渠道的拓宽。杨佳等(2022)发现数字普惠金融存在"数字鸿沟"现象,其对受教育程度低和年老的个体创业的促进作用影响更小。

2.2.5 数字普惠金融对创新的影响

数字普惠金融对创新的影响主要是围绕提高企业技术创新水平进而提升区域创新程度展开的。吴庆田等(2021)研究表明,数字普惠金融通过提高创新成果市场对接效率来促进企业技术创新,且在不同行业中,数字普惠金融对企业技术创新的作用效果存在差异。李朝阳等(2021)研究发现数字普惠金融能够通过提高企业信贷可得性来促进企业创新。李永奎等(2022)发现数字普惠金融的发展会降低企业之间和政府与企业之间的信息不对称程度,这将有利于企业获得更高的商业信用和政府补贴,进而更好地满足企业创新的资金需求,促进企业创新活动。曹晓雪和张子文(2022)研究发现数字普惠金融能够赋能中小企业技术创新,同时数字普惠金融的赋能作用存在基于数字普惠金融覆盖广度的单一门槛效应和基于企业市场地位的双重门槛效应。只有当数字普惠金融覆盖广度和企业市场地位达到相应门槛值后,企业技术创新才能享受数字普惠金融发展带来的赋能作用。Yu等(2023)研究发现数字普惠金融的发展具有先促进后抑制企业技术创新的非线性效应,数字普惠金融发展对中小企业技术创新的非线性影响更为明显。胡伟等(2024)研究表明数字普惠金融以减少企业融资费用、降低信息不对称的作用路径促进中小企业进行技术创新。谢丽娟等(2024)认为数字普惠金融对区域创新有显著的增益效果,主要通过提升金融效率和市场化水平促进区域创新。大部分学者认为数字普惠金融通过缓解融资约束、刺激市场消费和促进产业升级等作用路径提高区域创新水平。

2.2.6 数字普惠金融对产业结构升级的影响

目前大部分文献探究得出数字普惠金融正向促进产业结构升级的结论。Marco Da Rin 等(2002)认为金融对新兴的产业进行资金支持,有利于提高产业结构高级化。Bruhn 和 Love(2014)研究发现普惠金融精准为产业链提供其适配的资源配置,拓宽金融服务的覆盖面,促使产业结构优化。杜金岷等(2020)根据实证分析发现数字普惠金融优化区域产业结构的效应,结果表现为显著促进作用,且各地区存在差异。高天天等(2021)研究表明,数字普惠金融的发展能够显著推动产业结构优化升级,主要表现为促进产业结构合理化与高级化。李晓龙等(2021)研究表明数字金融发展可以推动产业结构升级来提升技术创新质量。李治国等(2021)是从产业结构高度化、合理化与转型速度这三个角度展开数字普惠金融影响产业结构升级的讨论,发现其具有边际报酬递增趋势的促进效应,更进一步展现出数字普惠金融显著提升了产业转型速度、结构高度化和合理化。肖智敏等(2022)研究发现数字普惠金融不受时空限制,既可"助贷"又可控制风险,能有效解决传统金融"不敢贷、不愿贷、不能贷"的问题,为企业创新供需模式,提高其创新和生产能力,进而助推实现产业结构升级的目标。唐倩倩等(2022)研究发现数字普惠金融与产业结构之间存在非线性关系,随着技术创新能力的提升,数字普惠金融对产业结构优化的促进作用越发明显。

部分学者针对数字普惠金融与产业结构升级的非线性关系展开研究。唐文进等(2019)在探讨数字普惠金融对产业结构升级的影响时构建门槛模型,发现二者并非简单的线性关系,而是表现出显著程度逐渐提高的效果及由弱变强的非线性过程,不同区域的非线性效应存在异质性。葛和平和张立(2021)通过构建动态门槛模型同样发现两者间存在非线性关系,且各地区表现出的产业升级效应存在差异化,其中中部最为显著。数字普惠金融能够显著促进产业结构升级,从而推动企业技术创新的发展。杨君等(2021)指出数字普惠金融从部门资源配置优化、减少融资困难的难题和弥补传统金融的不足等各个角度促进技术创新,有助于提高企业创新产出,影响生产要素配置,进而对产业结构升级有促进作用。伴随着数字普惠金融不断推广使用,凭借其覆盖程度广和交易成本低的优势,优化信贷资源配置,促进行业发展,从而推动产业结构升级(盛丹和王永进,2013)。数字普惠金融合理扩大信贷,降低融资,优化资金结构,提高资源配置能力,为企业拓宽融资渠道,进而促进产业结构升级。

2.2.7 数字普惠金融对企业融资约束的影响

大多数研究表明发展数字普惠金融可以缓解企业融资约束,以此获得更多的融资机会和更低的融资成本。数字普惠金融在解决融资约束问题起着重要作用,王坤(2022)梳理相关文献后认为可以通过优化外部融资环境、减少信息不对称和降低融资成本等方式缓解融资约束。刘伟和戴冰清(2022)发现数字普惠金融可以通过降低企业储蓄和投资的交易成本从而减少融资资本的总成本。由于融资约束无法直接从可观察数据中获取,万佳彧等(2020)指出融资约束的测度方法由公司各项指标综合构建相关指数,通常有KZ指数、WW指数及SA指数。对于融资约束代理变量的选取,Kaplan和Zingales(1997)提出测度企业融资约束的思路,构建KZ指数。张晓燕等(2021)在探究融资约束在数字普惠金融对企业价值影响中的中介作用时将KZ指数作为其代理变量。Whited和Wu(2006)提出并构建WW指数,苗苗等(2019)探究环境规制对企业技术创新的影响,张根林等(2020)探究国有资本对民营企业技术创新的影响,李宾等(2022)探究数字普惠金融发展对中小企业财务可持续的影响。Hadlock和Pierce(2010)构建SA指数,参照鞠晓生等(2013)的做法,使用SA指数作为融资约束的代理变量,在学术界得到广泛应用,如万佳彧等(2020)、喻平等(2020)、周振江等(2021)、刘莉等(2022)均采用SA指数作为融资约束的代理变量。此外,张璇等(2019)在银行业竞争的加剧对其创新能力的影响研究中发现融资约束在其中起到重要中介作用;顾海峰等(2020)指出融资约束在企业金融化抑制企业创新中的中介作用显著;郭静怡等(2021)指出融资约束在数字普惠金融与环境敏感企业投资效率中发挥其中介作用,以上学者均使用SA指数。由于KZ指数与WW指数的构建存在一定的主观性,使用了部分内生变量,且在获取数据过程难度较高,影响研究结果的可靠性和科学性,因此本书在综合考虑后使用具有更强外生性的 SA 指数来测度融资约束。

2.3 区域技术创新研究动态

区域技术创新对区域经济发展、区域创新能力提升和竞争力打造有着深远及重要的影响(Hall,2005)。Solo(1951)首次提出技术创新成立的"两步法",即创新源于新想法和实现创新需要后续步骤。Mueser(1985)认为技术创新源于新颖的开始,止于成功的商业化的普遍应用。王珍义(2014)提出技术创新理论、概念、模型与政治因素密切相关。为完整把握区域技术创新概念的内涵和外延,本书将系统梳理区域技术创新水平的评价和影响因素。

2.3.1 区域技术创新水平的评价

区域技术创新水平采用不相同的代理变量指标,从而有不同的评价体系及结果。Marquis(1969)认为技术创新应从新产品含义、新产品研发、新产品生产、新产品销售的流程环节理解创新点。Nelson 和 Winter(1982)深入研究了技术创新的内涵,发现技术创新具有周期性,技术创新形成阶段到扩散阶段并不是一种简单线性过程。Lynn(1996)认为技术创新是科学研究成果首次实现产品商业化的一个过程,即区域技术创新的水平同步需要参考创新的产品化阶段的情况。梁榜和张建华(2019)采用专利申请总量度量企业层面的技术创新指标,并取对数处理。唐松等(2020)进一步深入研究企业专利申请数据,将企业专利数据分为 3 个档次:第一档次为企业的专利申请总数;第二档次为企业的发明专利申请数,以表征企业的核心技术创新能力;第三档次为企业的低端专利申请数,以实用新型专利和外观设计专利之和作为代理变量。聂秀华(2020)表明数字金融主要通过缓解中小企业的融资约束来促进其创新,该作用的直接表现就是企业研发投入的增多,因而采用"研发投入强度"指标衡量"中小企业科技创新"情况。程广斌和侯林岐(2021)研究认为"研发创新产出"比"研发投入"更能够体现区域技术创新的水平,所以,他们采用专利总量来测量区域技术创新的产出水平。绍云飞等(2021)认为全面衡量区域技术创新水平需要同时考虑技术创新投入和技术创新产出两个因素。与通常采用专利衡量区域技术创新水平的做法不同,Teirlinck(2022)使用无形资产来测量区域技术创新产出的水平,Andrade 和 Pereira(2022)采用一个地区内研发经费的投入以及研发人员的数量来衡量区域技术创新水平。此外,张雪琳等(2022)指出技术创新包括基础性创新、研发性创新以及成果转化创新三个阶段,但是我国各省的创新效率差距大(李万君 等,2022),朱杰敏(2022)研究认为政府对技术创新的投入将极大地影响区域科技创新水平。

总之,区域技术创新水平的评价是一个复杂、多面的过程,需要综合考虑多个方面的因素。同时,不同的评价指标和方法在不同地域、不同行业和不同领域中也会有所差异。但通过综合各种评价因素,可以更加全面、客观地评估区域技术创新水平,为技术进步和经济发展提供重要的参考。

2.3.2 区域技术创新的影响因素

区域技术创新水平提升是长周期、高投入、多阶段和多层次资源嵌入的高度融合工程,必须综合利用当地的科技优势、经济基础、金融条件和人才资源,通过技术创新和科学研究等手段,推广更多新技术,创造更多富含技术创新元素的新产品,以期提高区域技术创新水平。因而,区域技术创新水平提升的过程受到诸多因素的影响。当前,区域技术创新的影响因素主要围绕技术创新水平提升过程中所需要的各种资源展开,可以通过制度创新、资金导向、需求拉动和人力驱动的四方联动,构建政策引导、市场运作、理念培育、人才培养的长效机制,将政府和市场的优势发挥到最大,形成政府、企业、学校和社会共同推动区域技术创新发展。

从制度创新的角度分析,Pittaway 等(2004)的研究强调了合作交流对于创新的重要性,企业间的信息交流可以提高企业的创新能力从而提升市场竞争力。Castellani 等(2019)研究认为政府对技术创新的支持可以体现为从制度层面进行顶层设计,刺激企业进行技术创新活动,从市场运作释放积极信号,敦促企业创造新产品和开拓新市场,从而提高企业的竞争力以促进经济增长。王淑英和常乐(2020)研究发现在区域技术创新的不同发展阶段,政府制度设计支持发展可能存在明显差异,如 Yi 等(2021)认为政府对制度实施如果不加管理和控制,就极有可能导致寻租行为,进而对区域技术创新水平提升产生负面影响。

从资金导向的角度分析,刘光彦等(2020)研究发现,企业研发投入对企业的成长具有正向影响,企业营运能力越强,研发资金准备越充足,研发投入对企业成长的促进作用也越大。黄婷婷和高波(2020)研究发现,在越高的区域金融发展水平背景下,数字普惠金融在一定程度下适当加强对于老旧产业的资本投入,可以进一步拓宽资金渠道和加快资金流动性,为相关中小微企业提供有效相关的资金支持,以提高他们的生产力及创新能力,从而推动区域技术创新水平提升。杨帆和王满仓(2021)将融资种类进行细分,由于股权融资使用资金的周期时间更长,与债务融资相比更能促进技术创新主体对技术创新的投入。

从需求拉动的角度分析,李勇等(2011)以企业具有聚集效应的这一特点为视角,发现最先进行业的技术革新会引致其他行业技术革新的争相进行。李宏贵等(2020)研究发现,根据企业所处不同成长阶段所面临的不同外部环境特点,应采取具有针对性的创新战略。周江华等(2022)研究发现持续推动企业的技术创新和质量成长,重点是要从制度层面破除创新资源约束的难题。

从人力驱动的角度分析,汪芳和高悦娴(2021)研究发现区域技术创新水平的提升主要取决于高级人力资本,高层次人才培养起到关键作用;同时,宋丰文和刘禹君(2022)指出人力资本是影响区域技术创新水平的最关键要素。因而,合理的创新人才培养驱动区域技术创新水平的快速提升,靳涛和王卫卿(2022)研究后认为合理的人力资本结构确实能够促进技术进步,然而人力资本对技术创新的影响呈现非线性特点。

2.4 数字普惠金融发展与区域技术创新研究动态

2.4.1 金融发展与区域技术创新研究进展

金融发展与区域技术创新发展关系密不可分,一般而言,发达的金融体系可以有效整合各种存款、配置金融资源,为区域各项技术创新活动提供资金来源,从而加快区域技术创新步伐。金融发展在很大限度上满足了企业的资金需求,使得区域内的各种类型企业能持续获得资金,进一步增强企业技术创新活动,从而整体提升区域技术创新水平。Acemoglu 和 Zilibotti(1997)研究发现,金融深化能有效降低融资成本和风险,保证创新活动中资金持续稳定供给。王永中(2007)以数理方式推导了金融发展对区域技术创新具有正面影响,Chou 和 Chin(2009)发现金融部门可以通过创新金融产品和金融服务,提升金融体系的运行效率,以此助力技术创新。进一步地,Chowdhury 和 Maung(2012)发现良好的金融发展有利于银企双方缓解信息不对称,进一步推动企业创新研发活动。张志强(2012)进一步从区域视角和产业视角证明了金融发展规模与效率的创新效应具有明显的异质性,李健和卫平(2016)发现金融规模的扩大和金融效率的提升均显著地促进了技术创新,贾俊生等(2021)的研究则表明,发达的信贷市场对企业创新互动具有正向的促进效应,但这种效应的有效发挥依赖于资本市场的发育程度。张黎娜和千慧雄(2020)研究发现,金融服务效率的改善能显著提升技术创新速度,金融发展虽在整体上推动技术创新,但风险包容性不高,且存在结构性差异。

由此可见,金融发展可通过有效促进储蓄向投资转化、缓解信息不对称,降低融资成本,并通过加强信息收集、动员储蓄与信用创造、完善风险管理等方式有效促进创新,与此相反,金融深化不足或过度扩张都会对企业创新产生不利影响,而且金融抑制会加剧金融体系与金融市场中的信息不对称,导致资金需求主体的最优投资机会得不到有效的资金支持,也不利于开展创新活动。

2.4.2 普惠金融发展与区域技术创新研究进展

当前国家大力推广普惠金融政策,普惠金融重点围绕与城乡收入差距以及经济增长等因素之间关系开展研究,Khurana 等(2006)认为,普惠金融减轻了信贷扭曲程度,从而改善了资金的配置效率,能够为企业提供充裕的现金流。Lin 和 Prabhala(2013)研究发现,借贷平台依托金融科技能有效缓解信息不对称,进而推动创新。田霖(2013)认为,普惠金融有效缓解了信息不对称问题,为中小企业开展创新活动提供资金保障。贝多广(2016)认为普惠金融发展主要依靠对小微企业的作用促进技术创新。原东良和尚铎(2019)研究认为普惠金融发展水平从创新投入、创新产出和技术成果转化三方面对区域创新能力产生促进作用。孙继国等(2020)则从政策视角实证检验了普惠金融促进中小企业创新,且对民营企业的边际影响更大。

随着研究的深入,普惠金融发展对企业创新的影响研究逐渐拓展到对区域技术创新能力影响的研究。陈淑云和陶云清(2019)认为普惠金融发展推动区域创新能力的途径是激发社会底层动力和内在活力。梁榜和张建华(2019)认为数字普惠金融的发展能对区域技术创新产生促进作用,并且能够降低中小企业债务融资成本和缓解外部融资约束实现企业的技术创新。普惠金融发展对区域技术创新能力的重点影响因素是人力资本积累。若区域技术创新活动具备良好的人力资本积累,同时普惠金融发展为区域技术创新活动提供相应的资金来源,整体区域的创新意识和创新水平会得到明显的提升。当劳动者具有良好的知识背景和学习能力时,经过创新意识和原有知识的融合形成了新的生产要素,不断开发生产出符合市场需要的新产品、新工艺等,进而提升区域技术创新水平。此外,人力资本积累也存在显著的正向溢出效应(张宽和黄凌云,2022),区域内熟练掌握新技术的劳动者能够将其技术进行传递并激励他人不断学习,随着人力资本积累程度的进一步加深,容易吸引资金支持开展技术创新研发活动,提升了区域整体技术水平,由此打造区域技术圈核心竞争力。

2.4.3 数字普惠金融发展与区域技术创新研究进展

数字普惠金融和区域技术创新作为两个互相关联的个体,由于企业是区域技术创新水平提升的主要力量,中小企业是数字普惠金融的主要实施对象,因而中小企业成为研究数字普惠金融和区域技术创新的公共交集主体。梁榜和张建华(2019)认为数字普惠金融发展通过降低中小企业的债务融资成本,缓解外部的融资约束,从而促进企业的创新产出;但由于区域异质性的存在,体现为数字普惠金融对中西部城市和传统金融覆盖不足的城市、民营和规模较小的中小企业具有更强的创新激励效应。郑雅心(2020)、徐子尧等(2020)和杨刚等(2022)针对区域内的所有创新行为进行研究,发现数字普惠金融有利于本区域创新产出的增加,但东、中、西部三大区域存在明显的异质性。喻平等(2020)从企业异质性的角度研究数字普惠金融通过缓解融资约束促进中小微企业技术创新。唐松和伍旭川等(2020)发现数字金融能够有效校正传统金融中的资源错配问题,具有"结构性"创新驱动效应,且在企业产权性质和地理区域上表现出异质性。陈银飞等(2021)则从行业异质性和所有权异质性角度聚焦中小企业,发现数字普惠金融可以通过降低债务的融资成本来促进中小企业创新产出。郑雅心(2020)实证检验了数字普惠金融对区域创新产出具有促进作用,且这种创新激励效应在跨越门槛值后,会随经济发展水平的提高呈现出边际递增的特征,但同时也会随着区域数字普惠金融发展水平的提高和区域创新效率的提升而呈现边际递减的规律。郑万腾等(2021)从收敛角度发现数字普惠金融可以通过间接路径驱动区域技术创新收敛发展,但功效存在边际递减趋势。周少甫等(2021)认为数字普惠金融影响的是创新的效率,但随着技术创新效率的提高,该促进作用会逐渐减弱。

此外,还有学者从数字普惠金融对企业技术创新的不同影响通道展开研究。杜传忠和张远(2020)研究发现数字普惠金融能够通过供给侧和需求侧两个渠道影响区域创新。进一步,熊雯婕和殷凤(2020)认为加速金融发展与人力资本积累是提升区域创新效率的两条重要途径,还有研究表明企业高管的技术研发背景对数字普惠金融的创新激励效应也具有明显的正向调节作用。曾之明等(2021)发现数字普惠金融总指数及三个分维度指数均对中小企业的创新有显著的正向激励作用,并通过减少企业融资约束以促进中小企业创新。杨君等(2021)就同时对企业技术创新产出和行为进行探究,发现数字普惠金融可以促进小微企业技术创新,且对创新行为的促进作用大于对创新产出的促进作用。吴庆田和朱映晓(2021)从创新二阶段的角度分析数字普惠金融可以促进企业技术创新但存在异质性。此外,还有学者研究认为数字普惠金融会在区域创新层面产生"马太效应",扩大了区域间的创新差距,因而要加强金融监管和知识产权保护,并实施合理的"互联网+"区域创新策略。

为进一步深入研究数字普惠金融与区域技术创新水平之间的关系,一些学者寻找中介变量,研究数字普惠金融和区域技术创新水平的相互影响机理。蒋长流等(2020)认为数字普惠金融可以激励中小企业进行研发创新活动,可以提升企业的全要素生产率,并借此推动经济发展。汪亚楠等(2020)认为数字普惠金融发展能有效满足城市创新需求,填平城市间的"创新鸿沟",进而促进城市创新。惠献波(2021)研究发现数字普惠金融可以通过提升技术创新水平等途径促进城市全要素生产率的增长。汪颖栋(2021)认为数字普惠金融通过降低融资约束得以提升技术创新水平,还有学者发现数字普惠金融能通过缓解企业外部融资约束和提升政府税收返还、政府补助等对企业创新产生正向激励作用。数字普惠金融通过构建指标体系筛选出具有投资价值的项目,引导优化资金重塑产业结构,推动区域产业结构升级(付宏 等,2013)。赵庆(2018)发现区域产业结构升级对技术创新具有空间溢出效应,有利于提高区域技术创新水平,而胡艳和汪徐(2019)的实证检验得出产业结构合理化促进了区域技术创新,而产业结构高级化抑制了区域技术创新的结论。聂秀华等(2021)研究发现市场对创新企业的激励以及通过市场结构、市场竞争程度的变化来对企业技术创新水平进行调整的方式至关重要。高天天等(2021)研究表明,数字普惠金融的发展能够显著推动产业结构优化升级,主要表现为促进产业结构合理化与高级化。李晓龙等(2021)研究表明结构效应是数字金融发展影响技术创新质量的重要传导机制,数字金融发展可以推动产业结构升级来提升技术创新质量。数字金融借助区块链技术加速产业数字化,刺激虚拟经济的发展,进而驱动区域技术创新发展(郑万腾 等,2021)。此外,数字金融的发展存在稳定的促进技术交流和技术进步的共生机制,促进创新型产业集群的产生,从而提高了区域技术创新水平(孟晓倩和吴传清,2022)。蔡沐君(2023)研究发现产业升级引起的产品需求多元化将促使各企业加强技术创新,进而推动科技创新的发展。肖智敏等(2022)研究发现数字普惠金融不受时空限制,既可"助贷"又可控制风险,能有效解决传统金融"不敢贷、不愿贷、不能贷"的问题,为企业创新供需模式,提高其创新和生产能力,进而助推实现产业结构升级的目标。唐倩倩等(2022)研究发现数字普惠金融与产业结构之间存在非线性关系,随着技术创新能力的提升,数字普惠金融对产业结构优化的促进作用越发明显。

总而言之,数字普惠金融由于数字技术元素的加入,加大了金融服务覆盖面,降低了金融机构和区域创新主体的信息不对称,从数字普惠融资路径、区域技术创新产出及行为评价、区域技术创新主体异质性、区域创新效率提高等方面研究了数字普惠金融发展与区域技术创新水平提升关系,深入研究金融工具支撑作用、提升科技创新能力和金融与科技深度融合等方面的内容,为加快形成新质生产力提供理论支持贡献,同时也有助于为新时代背景下的中国经济高质量发展提供一定的借鉴思路。

2.4.4　数字普惠金融发展与区域技术创新研究述评

自熊彼特提出创新概念以来,创新尤其是技术创新作为经济发展和增长中的内核作用日益凸现。技术创新经过80多年的研究,其理论体系逐步完善,出现了开放创新理论、自主创新理论、破坏性创新、全面创新管理理论、知识创新理论的理论发展过程。新古典学派代表索洛从阶段和过程两个角度解释技术创新的概念与理论,并将技术因素引入生产函数中以提炼出索洛余值。Lorenzen和Andersen(2009)发现新技术的创新推动了区域的发展,技术溢出效应加快城市化进程。Hracs(2012)则发现数字技术创新和数字技术溢出这两个因素对北美工业化的发展影响最大。Carter(2013)围绕曼彻斯特的城市化进程中发现技术创新所带来技术溢出是城市化可持续发展的最重要因素。邱国栋和马巧慧(2013)认为技术创新与制度创新双向嵌入、相辅相成。

传统金融发展与创新关系的研究已经是基础层,随着国家发展普惠金融和数字金融,近年来研究逐渐转向数字普惠金融发展与创新关系的升级层。普惠金融的早期研究建立在"金融排斥"基础上,普惠金融体系是开放的体系,焦瑾璞等(2015)认为可以让微型金融与更加广阔的金融体制融合发展。中国政府鼓励将大数据、云计算以及移动互联网等数字技术与传统金融行业深度融合以催生新的金融业态,促进了数字金融这一新型金融模式的蓬勃发展。郭峰等(2016)的研究表明,以信息技术为支撑的数字普惠金融能够有效降低金融交易和经营的成本,拓展金融服务覆盖范围及触达能力。梁榜和张建华(2019)从中国城市和中小企业的角度发现数字普惠金融的发展及其覆盖广度、使用深度和数字支持服务程度均对技术创新具有显著的正向影响。万佳彧等(2020)则通过采用企业层面数据研究证实,数字普惠金融的发展可以通过缓解企业的融资约束问题以促进企业创新水平的提升。郑雅心(2020)发现数字普惠金融有利于区域创新产出的增加,任碧云和刘佳鑫(2021)认为数字普惠金融可通过提高人力资本供给以及促进产业升级产生外部需求间接促进区域创新水平的提升。数字普惠金融对区域技术创新水平提升具有显著的促进作用,因为其可以极大地缓解技术创新过程中的受到的融资约束,降低融资需要的成本,为创新活动提供资金。但行业和地区间都存在异质性,其原因可能是有些行业并不以创新为主体,且数字普惠金融对不同行业的服务有所差异,地区之间本身也存在经济发展的差异等等一些外部环境的影响。总体而言,数字普惠金融的发展能够缓解企业融资贵的问题,增加企业创新活动的资金。

中国人民银行原行长周小川在 2020 年提出中国正利用互联网等数字技术和逐步建成的数字金融服务基础设施来发展普惠金融和减少贫困。数字技术的快速发展带来了数字经济的蓬勃发展,也带动了以数字技术为核心的数字普惠金融的发展。数字技术的发展依托于技术创新水平的提升,技术创新是实现经济高质量发展的重要因素,理论上技术创新也会对数字普惠金融的发展有所影响,但当前区域技术创新影响数字普惠金融的研究相对较少,典型的如王洋等(2021)研究了创新与数字普惠金融的关系,认为创新发展可以将新技术应用于金融领域,通过拓宽金融的服务边界,降低金融风险,来促进数字普惠金融的发展,即创新对数字普惠金融存在一定影响。王亮等(2022)则缩小了创新的范围,研究数字普惠金融与区域创新的交互影响,认为区域创新对数字普惠金融存在显著促进作用。而邹新月等(2021)则研究数字金融与科技创新之间的耦合关系,发现二者存在耦合关系,即科技创新对数字普惠金融的发展存在一定影响。此外,甘敬如(2022)分析了科技创新对数字普惠金融的影响,并认为科技创新的成果能够作用于普惠金融,为数字普惠金融的发展提供技术支撑。

由以上文献综述的梳理可知,从现有文献来看,虽然可能会基于不同的研究视角得出相应的异质性结果,但整体上,几乎所有研究都一致认为金融发展对于创新总体上具有显著的促进作用,这为接下来的研究提供了有益基础。需要指出的是,国内外学者在数字普惠金融与企业技术创新方面做出了诸多的研究和贡献,文献梳理为本书提供了重要的理论参照与逻辑起点。通过文献整理发现,数字普惠金融发展促进企业技术创新发展进而提升区域技术创新水平的观点得到国内外学者的广泛认同,同时区域技术创新水平的提升在一定程度上也会影响数字普惠金融的发展,且是较为正面的促进效应。但当前研究数字普惠金融资源的"错配"问题需要进一步梳理,从数字普惠金融角度去研究区域技术创新同时从省市层面和企业层面的交叉研究相对较少,在典型中介变量的选择及作用机理研究还相对欠缺,数字普惠金融的发展与区域技术创新水平的提升之间的内在机理还存在着进一步探索的空间,并且有待于进一步清晰。2024 年 1 月 31 日,习近平总书记在中共中央政治局第十一次集体学习上指出:"新质生产力是创新起主导作用,摆脱传统经济增长方式、生产力发展路径,具有高科技、高效能、高质量特征,符合新发展理念的先进生产力质态。它由技术革命性突破、生产要素创新性配置、产业深度转型升级而催生,劳动者、劳动资料、劳动对象及其优化组合的跃升为基本内涵,以全要素生产率大幅提升为核心标志,特点是创新,关键在质优,本质是先进生产力。"因而,如何推动技术创新革命、数字创新和产业发展以引致发展新质生产力,最终落脚于高质量发展这个中心任务,具有重要的理论和实实意义。

3 概念界定、理论基础与分析框架

关于数字普惠金融发展和区域技术创新水平提升的关系,当前数字普惠金融对技术创新的影响机理研究已经相对透彻,但在区域技术创新水平的提升影响数字普惠金融发展方面的研究相对缺乏。实际上,区域技术创新水平的提升也会正面促进数字普惠金融的发展。本章先对区域技术创新、区域技术创新驱动发展战略和数字普惠金融发展的概念进行界定,同时对数字普惠金融理论、技术创新理论和信息不对称理论进行综述,接着就数字普惠金融发展和区域技术创新水平提升的关系进行模型分析,形成相应的分析框架。

3.1 概念界定

3.1.1 数字普惠金融发展

3.1.1.1 金融发展

"金融发展"的概念最早由戈德·史密斯在其著作 *Financial*

Structure and Development 中提出，他认为金融发展主要体现为金融结构的变化，但不能简单地使用规模指标进行衡量，并由此提出"各类金融工具与金融机构的相对规模"衡量金融发展程度的理念，该种概念解释方式被视为金融发展的经典定义。研究认为，金融发展是一个动态演化过程，初始阶段表现为金融业规模的拓展和金融体量的增加，而在发展中、后期阶段，随着金融压抑的消除和金融结构的完善，金融效率得以提升，推动金融体系得以整体发展。金融功能观理论认为，一个健全的金融体系应在确定其功能的基础上设立相应的金融组织，这样才能优化经济资源配置以实现经济发展水平持续增长。彭兴韵（2003）指出，衡量金融业发展水平不能以金融总量为单一标准，还应该考虑金融结构和金融效率。进一步，白钦先等（2006）认为金融发展是金融功能扩展和提升的演进过程。白钦先和张志文（2008）认为，金融发展对中国经济增长的作用机制主要是以投资规模扩张的方式带动经济增长。

由此可见，金融规模的扩大并不意味着金融业的发展，而是一个相对的、动态的概念，受不同国家在发展阶段上存在的相对差异影响，金融发展的表现形式也是千差万别。因此，金融发展并非简单等价于金融业规模的扩充，也不能视作是单一金融结构的变化。由于金融体系是由金融资产、中介机构和金融市场等要素构成的一种综合体，其所提供的金融服务是一种准公共物品，需要政府实行相应的监管制度和金融管理政策（如普惠金融及数字普惠金融政策等），金融体系的宗旨应更多体现为降低金融交易成本和减少金融市场摩擦，并有效配置和优化各区域内的金融资源，而不能仅仅落脚于金融总量增长或金融规模扩张。金融增长表示的只是数量上的扩张，而金融发展的含义并不单是指金融规模和机构数量上的增加,更是指金融产业集聚化、金融效率以及金融体系对经济发展贡献程度的提高,它更多地体现在对金融压制上的消除和金融机构上的改善,即创新性和多样化。综上,本书将金融发展定义为金融机构和资产规模的扩大,以及金融结构质量和金融效率的提升。

3.1.1.2 普惠金融发展

普惠金融的发展溯及小额信贷,小额信贷侧重于服务贫困者和弱势群体,而普惠金融则侧重于面向具有金融需求的个人或企业推行金融服务(周月书 等,2017),由服务对象可知小额信贷仅仅是普惠金融的一部分(严青,2014)。普惠金融希望通过小额信贷的发展,为全社会所有具有金融需求的对象提供有效的金融服务(杜晓山,2010)。普惠金融发展具有清晰的原则界定与安排。

第一是内生发展扶持原则。普惠不是扶贫救助,普惠金融不是扶贫金融,其出发点是通过金融扶持,助力贫困人口和小微企业挖掘内生发展动力,以此改善贫困人口收入状况,促进小微企业健康发展,体现了普惠金融发展的使用度。

第二是商业可持续原则。发展普惠金融同样可以提升金融机构的盈利可持续性(欧理平,2016),此时应按照金融发展内生机制,优化金融组织经营方式,推动普惠金融可持续发展(张忠宇,2016),体现了普惠金融发展的承受度。

第三是社会责任原则。发展普惠金融不仅仅是政府的事情,而应该是全体社会成员都应尽到的社会责任。合作性金融机构理更应承担相应的义务,积极维护社会大众的公共利益,以实现符合社会发展需要的金融责任,体现了普惠金融发展的覆盖面和渗透度。

第四是差异化原则。由于各地的经济发展水平存在差异,不同对象金融需求存在差异,不同金融机构普惠金融推行模式存在差异,监管部门的监管政策存在差异,因而在普惠金融发展上还应注意顾及差异性,以制定具有差异化却能符合发展实际的普惠经营战略和规划目标,体现了普惠金融发展的效用度。

普惠金融是一种金融演进类型,按照供给需求的基本原理,在普惠金融市场存在着普惠金融的需求方和供给方,最终通过某种方式达成供需均衡局面。普惠金融发展水平的衡量,建立在需求方最终是否得到满足,供给方是否提供了适合需求方的产品,普惠金融发展的四个原则正好呼应了这个问题。那么,在普惠金融实施领域,就必须回答谁需要、由谁提供和如何提供普惠金融的问题了。

1. 普惠金融需求方

在存在普惠金融需求的众多个体和群体中,除了自愿不接受金融服务的对象以外,需要金融服务的城市和农村中的低收入及弱势群体、农户及中小微企业,由于无足够收入条件、价格、信息和距离等原因,无法顺利获得金融服务,因此该类对象形成了普惠金融的需求主体。普惠金融的内在涵义希望社会群体中需要金融服务的对象都能得到平等对待,实现金融包容。普惠金融接受群体无疑具有包容性增长的理论要义(蔡荣鑫,2009),可以消除弱势群体所面临的金融排斥,以方便弱势群体通过金融资源的有效整合使用提升自身发展能力和社会地位。从公平角度而言,农户、贫困学生是个人贷款领域的弱势群体,而小微企业、涉农企业则是企业法人贷款领域的弱势群体,此外,部分领域如"三农",由于回报率普遍不高因而很难获得金融服务。普惠金融更高程度上体现为主要解决弱势群体和弱势领域的金融支持问题。

2. 普惠金融供给方

金融机构作为普惠金融供给者,受到金融机构技术支持、基础设施、网点覆盖等因素的影响。在金融机构公司治理层面,普惠金融政策的制定、普惠金融产品的设计、普惠金融操作设备环境及人员对于普惠金融发展都将产生直接影响。普惠金融秉持金融的哲学人文发展理念(白钦先 等,2014)强调金融机构的社会责任担当,这种对社会伦理与价值观的认同和维护,既体现了职业的社会道德操守,也有助于其业务拓展,从某种意义上说,社会绩效和财务绩效的内核是一致的。

各种类型和各种体量的金融机构充分发挥自身优势,在普惠金融市场上互相竞争与融合,构成了普惠金融体系的建设主体。张海峰(2010)认为,商业银行在监管政策硬性要求、社会责任意识和商业动机混合摇摆中推行普惠金融,在建立普惠金融体系过程中,应该要做到精准定位自身角色、选择合适路径和注重风险控制。胡国晖和雷颖慧(2012)认为,大型商业银行和中小商业银行在普惠金融体系构建中则各有优势和特点,从而两者之间存在着互异和互化的普惠金融运作模式。鉴于普惠金融在不同发展阶段呈现出各种不同的特点和效应(薛薇,2011)、林政和李高勇(2016)发现当前普惠金融发展的供给主体主要是中小微型金融机构及农村金融机构,存在着服务区域小、业务量小和风控经验不足的缺陷。杨丽平(2017)认为,大型银行在推行普惠金融业务时必须考虑到综合服务、统计核算、风险管理、资源配置和考核评价的特殊性,最好的路径是设立普惠金融事业部,以提升大型银行的普惠金融专项服务能力。陈一洪和梁培金(2018)认为,中小银行是地方金融供给的重要力量,在普惠金融供给侧能持续发力,首要任务是维持社会责任与商业可持续、金融普惠与风险管控之间的平衡。

总之,为了让普惠金融体系能够全方位、多角度和立体化地发挥作用,必须纳入涵盖商业性、政策性和合作性的所有正规金融机构,普惠金融不仅是操作层面和政策层面的金融,更是一种全新的金融发展理念和理论创新。

3. 普惠金融供给模式和路径

供给模式的选择能够检验普惠金融供给能否有效满足普惠金融的需求,这也是供给侧改革的发力点,供给侧改革要求供给方应提供符合需要的金融产品和服务,普惠金融本质上是为需求方构建一个有效、全方位的金融服务体系(潘功胜,2015),但要依靠制度的有效设计而非单纯的政府及政策推动(何德旭 等,2015)。在所提供的金融产品的接受程度方面,娄飞鹏(2014)认为在普惠金融发展过程中,创新银行金融产品最为重要,并要不断增加业务类型、扩大服务渠道和服务对象,陈一洪和梁培金(2018)认为应该从供给—需求对接角度探索普惠金融发展路径。李成(2019)认为应采用资金配置、基础设施、产品创新手段引导商业银行资金供给方,实现普惠金融的市场供需均衡。韦颜秋和王树春(2019)则以商业银行需兼顾社会责任和商业可持续的观点为逻辑主线,认为普惠金融供给应从优化组织结构、重新定义客户、创新产品研发、打造风控体系和完善增信机制五个方面入手。

在普惠金融实施路径选择上,多数学者认为应当依托现代科技手段,利用移动金融的网络和成本优势扩大普惠金融服务覆盖率(齐巍巍,2014;武晓岛 等,2014;连耀山,2015)。王立平和申建文(2016)发现相对于传统金融而言,手机银行具备服务覆盖面广、交易成本低的优势,郑志来(2018)则将手机银行直接上升到互联网金融创新,将线上金融运作作为商业银行供给设施建设的重要部分,借此手段促进商业银行业务创新与效率提升。李成(2019)认为科技金融在普及普惠金融存在"数字红利"。显然,科技金融可以有效提高普惠金融发展的渗透度和效用度。

在普惠金融渗透性和可得性方面,学者提出了不同观点。在渗透性代表性指标金融机构网点上,董晓林和徐虹(2012)认为农村信用社在进行网点布局时主要关注人口规模变量尤其是乡村人口规模。但晏海运(2013)认为如农村信用社的金融机构本身也是企业,企业具有资本寻利固有特性,因而会因为成本收益问题而减少金融机构网点,不利于普惠金融发展。而胡宗义、刘亦文和袁亮(2013)则将可得性界定为金融广度,在对金融广度、深度和宽度的三维模型分析中发现金融宽度与广度规模不大,体现为大部分中小微企业都被拒之金融服务大门之外,低的金融广度意味着金融服务可得性的不平等性,只有增强金融企业的社会责任意识才能有效提高金融广度。

总之,普惠金融的组织架构、产品体系、信息科技体系、激励和约束机制等体现供给方式的软硬件在普惠金融发展中的作用都需要进一步完善和加强。

3.1.1.3　数字普惠金融发展

数字普惠金融是数字金融的一种普惠类型,本质上仍然属于普惠金融。北京大学数字普惠金融研究中心从数字普惠金融发展的覆盖广度、使用深度和数字支持服务程度 3 个一级维度构建了我国数字普惠金融发展水平的评价指标体系,并且基于蚂蚁金服的相关数据对 2011—2021 年我国省级和地市级行政区域的数字普惠金融发展水平进行了测度和评价,将指标体系扩充到了 33 个指标,时间维度扩展到 2021 年,并且增加了县域数字普惠金融发展水平的测度结果,成为当前数字普惠金融评价指数参照的使用面最广的数据来源。

数字普惠金融体系包括金融机构、金融消费群体和监管部门等三个利益相关方,其影响因素主要为社会经济、供给方和需求方因素三部分。首先,金融机构在提供服务过程中应明确自身定位,真正实现金融服务的普惠,实现以实际经济为依托,以法律为依据的金融创新,同时也要解决金融消费群体面临的信息不对称,向消费群体提供价格合适、便捷公开的金融服务与产品。此外,还要保障金融机构获得合理收益的权利,满足他们的利益诉求。其次,金融消费群体在选择金融产品和服务的过程中明确认知风险与收益的对等关系,维护自身的利益。数字普惠金融的根本目的就是要覆盖低收入并且要保障获得金融服务群体的合法权益。最后,数字普惠金融的发展离不开政府和金融企业在遵循市场经济规律的前提下承担相应的责任。责任追责和责任奖罚意味着合理的奖惩制度和考核机制是保障数字普惠金融持续发展的必要手段。应厘清政府、金融机构和市场三者的边界,净化数字普惠金融的发展环境,实现人人享有同等的金融服务,分享经济增长的红利。因此,数字普惠金融责任的承担既是社会责任的分配过程,需要考虑道德伦理,也是权利和物质利益的权衡过程,需要考虑经济理性。

3.1.2 区域技术创新

3.1.2.1 创新

创新,现代汉语词典解释为"抛开旧的,创造新的"或"指创造性;新意",英文则为"innovate",侧重于引入新事物。根据熊彼特在 1912 年发表的《经济发展理论》中首提"五种创新"理念,认为创新应该包括引进新产品或者产品新特性、引用新生产方式、开辟新市场、变革新组织方式、创造新供应来源。从经济学的角度,创新活动应该实现自身价值增值,实现新组合生产要素的引入。创新涵盖领域众多,不同的研究领域有着不同的创新研究范畴,在区域创新发展驱动领域,重要的研究视角是从技术创新进行分析,技术创新是创新的第二层面,是执行层,是创新在生产领域的一种结果状态,创新的顶层设计层是制度创新,制度创新的核心任务是完善创新的动力源头和机制,是核心环节。

3.1.2.2 技术创新

技术创新的基本模式分为技术领先和技术追赶两种。以美国为代表的技术领先者发展模式是以基础性研究和应用性研究为基础的内部创造技术的发现型或自主型技术创新模式。技术领先者依靠其在基础研究中的优势,沿着"研究—开发—工程管理"的轨迹前进,不断创造出新的产品和工艺,占据技术发展的制高点,通过前沿技术的产业化形成的新兴高技术产业能够为经济发展提供强劲动力。以日本为代表的技术追赶者发展模式是以引进技术消化吸收和改进为主的模仿式技术创新,技术追赶者沿着与技术领先者相反的运动轨迹前进,即"工程管理—开发—研究"的路径,通过"搭便车"实现较快追赶,战后的日本就是通过引进制造技术成功实施赶超战略的。模仿式技术创新根据市场需求引进技术,能够有效降低成本,提高质量,但在技术发展上则受制于人。在技术创新过程中,技术领先者承担的风险很大,追求稳定收益的银行机构对其放贷时表现得十分谨慎,结果导致技术领先者多倾向于选择直接融资为主的市场主导型金融体系。但在该体系内,投资者与被投资者之间没有长期固定的关系,完全依靠信息选择投资对象,优点是投资期限长短直接由项目投资价值决定,资金利用效率很高,缺点是对信息披露要求严格,因此监管成本也相对较高。技术追赶者则偏好以银行信贷为主的间接融资方式,原因在于这些国家的资本市场不够发达,上市也需要严格的条件,直接融资门槛较高。因此,以间接融资为主的银行主导型金融体系也就成为技术追赶者融资的主要选择,而且国家政府可以通过较强的干预政策,集中资金用于技术创新和发展。在该体系下,对被投资者的信息披露要求较少,监管成本较低,因而融资成本也较低。这种基于信任关系提供的资金近似于内部融资,投资双方可以对融资合同进行谈判,这对被投资方十分有利,但另一方面,由于对贷款使用的约束力不强,资金有可能被投至不能获利的项目,降低资金利用效率。

3.1.2.3　区域技术创新

溯源区域科技创新,科技创新包含知识与技术创新,作为区域经济发展的内生变量,其对经济发展的驱动占有主导地位。科技创新是社会生产力发展的主要源泉,在创新驱动发展进程中起关键作用。在市场经济条件下,科技创新成为影响区域经济发展水平的重要变量,不同的科技创新水平加大了地区之间的经济差距。科技创新能力也是一个国家进入核心能力发展世界前列的集中体现,科技创新的重点围绕构建政策体系、评价科技创新能力和效率、科技协同创新的内容研究展开。

区域技术创新是区域科技创新的重要组成部分,承载主体为企业、高校和相关科研机构。从技术创新的时代发展沿革看,技术创新不仅仅单纯探讨技术,而是从技术内涵出发,对与其相关的知识、技术和工艺进行创造及改进。一个地区的技术创新水平体现在多个方面,从投入人力资本、研发资金等到产出新技术、新产品等,都能反映出该地区技术创新的能力,因此,评价区域技术创新水平需要综合性的指标。一般而言,可从技术创新投入、技术创新产出两个方面选取相关评价指标进行测度。技术创新是一个通过研究开发或技术组合,将创新思想转化为新产品、新工艺和新服务的过程,因此,技术创新投入的力度和效率决定了创新产出水平,是创新实践取得成功的前提和基础,可以选用万人口科技活动人员、R&D人员、R&D科学家工程师、科技经费和R&D经费支出占GDP的比重的指标代表创新投入。技术创新产出水平是衡量某个对象技术创新实力和效果的指标,技术创新产出的形式是多样化的,其中最先进的产出是科技论文和专利,因此,可以选用国内中文期刊科技论文数、专利申请授权量和发明专利授权量的指标代表创新产出。

根据《专利法》,我国通常将专利分为三类:发明专利、实用新型专利和外观设计专利。本章借鉴唐松等(2020)的相关研究,设计区域技术创新水平代理变量组(Pat、Ivpat、Gepat),其中各省份专利授权数(Pat)为三类专利授权数之和,代表各省份总体的技术创新水平情况;各省份发明专利授权数(Ivpat)为发明专利授权数,代表各省份的核心技术创新水平情况,各省份低端专利授权数(Gepat)为实用新型专利授权数和外观设计专利授权数之和,代表各省份的相对低端技术的创新水平情况。

以往的相关研究通常将区域的研发投入水平作为区域技术创新水平的代理变量(鞠晓生 等,2013),但是却忽视了技术创新活动往往具有高风险、长周期的特点。以区域研发投入水平作为区域技术创新水平的代理变量存在两个显著的缺点:一是技术创新活动具有高风险、沉没成本高的特征,如果研究方向或方法错误,这部分研发投入往往并不能促进区域技术水平的提高。二是从区域研发投入到真实地提高区域技术创新水平通常有一个较长的研究开发阶段,当前的区域技术创新水平往往是由更早期的研发投入决定的。基于以上考虑,参考有关区域技术创新水平的最新研究(唐松 等,2020)的思路,本书以 2011—2020 年的各省份专利授权数(Pat)、各省份发明专利授权数(Ivpat)、各省份低端专利授权数(Gepat)3 个变量组成区域技术创新水平代理变量组,以此来测度 2011 年到 2020 年间各省份的区域技术创新水平。

3.1.2.4 创新驱动

根据 Porter(1990)的解释,推动经济健康发展需要具有要素驱动、投资驱动、创新驱动和财富驱动的特征及演进过程,该演进过程在经济体发展中不适合于缺失式或跳跃式发展,四个过程层层互为基础,逐步依顺序或交叉递进。

要素驱动主要是指生产要素如资源、劳动力等的驱动,其驱动源主要体现为丰富的劳动力和自然资源以及对其的需求;投资驱动是指企业发展到一定阶段,具备了一定的人才和经验,有能力对技术进行消化吸收和升级,同时国家以及企业有了扩大投资的意愿和能力,产业内部不同企业之间在国内市场和世界市场上开始了比较激烈的竞争,必须通过扩大生产规模来保证产品成本优势,保持企业的竞争优势,其驱动源主要在于投资投入;创新驱动是指那些从个人的创造力、技能和天分中获取发展动力的企业,以及那些通过对知识产权的开发可创造潜在财富和就业机会的活动。也就是说,经济增长主要依靠科学技术的创新带来的效益来实现集约的增长方式,用技术变革提高生产要素的产出率,其驱动源主要取决于创新能力与创新水平;财富驱动是指在这一阶段,国家竞争优势的基础是已积累起来的财富。企业进行实业投资的动机逐渐减弱,金融投资的比重开始上升。部分企业试图通过影响和操纵国家政策来维持原有的地位。大量的企业兼并和收购现象是进入财富驱动阶段的重要迹象,反映了各产业内部希望减少内部竞争以增强稳定性的愿望。其驱动源主要取决于大规模的财富资本投入。

Porter对如何判定是否实现了创新驱动以及创新驱动发展的特征等进行了专门的阐述。对于是否实现了创新驱动,他认为,当一个经济体形成了完整的钻石体系模型(如图3-1所示),且体系内部各要素之间的交互作用较为明显时,则判定经济体实现了创新驱动。波特的钻石模型包括两部分:一是关键要素,包括生产要素、需求条件、相关与支持性产业、企业战略结构与竞争态势;二是附加要素,主要指机会和政府。这六种要素交织在一起,形成了相互影响和强化的复杂网络体系。创新系统"钻石模型"认为,企业、政府、产业等各要素要相互交互才可实现创新驱动发展。

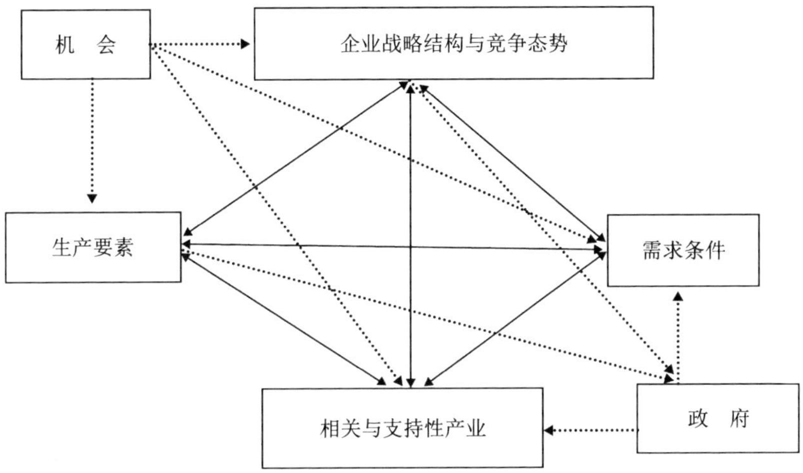

图 3-1   创新驱动的钻石体系模型

根据 Porter 的创新驱动钻石体系模型,创新驱动发展能力不仅包括创新能力,更侧重于驱动能力,实现创新驱动的关键在于根据不同的资源禀赋条件和发展环境来选择创新驱动进入战略,推动创新前沿不断向纵深推进,一旦创新阶段依次突破创新资源发展瓶颈,创新驱动机制会逐渐形成。如何发挥创新网络的优化机制来配置资源,通过更加开放的网络系统来驱动创新,避免创新系统因动力不足而出现钝化,以实现整个创新驱动发展系统的升级。不同于传统经济发展模式,创新驱动发展强调各种要素经过新知识和新发明的介入和组合,使科学技术在生产和商业上得到迅速应用和扩散,以技术创新与制度创新为核心,融合模式创新、组织与管理创新和金融创新等创新形式打造全面创新发展模式,通过创造新的增长要素,培育新的动能,实现高质量发展的目标。对于创新驱动,可采用层层递进的分析模式如表 3-1 所示。

表 3-1　创新驱动层层递进分析模式

一级指标	二级指标	三级指标	要点
创新驱动角度	创新驱动主体	政府主导	(1)以政府补贴政策和直接布局方式的行政手段为主; (2)对科技创新人财物进行区域间重配置,以形成合理的区域科技创新分工格局。
		市场主导	(1)以遵循市场规律和采用市场方式为主; (2)通过创新资源及人力合理流动,通过市场手段加大区域间科技创新合作与成果应用。
		混合模式主导	(1)协同发挥政府和市场差异化作用; (2)政府着眼于加强顶层设计、创新科技管理体制、构建区域协同创新体系,市场机制侧重于提高资源配置效率。
	创新驱动内容	要素驱动	(1)以财政补贴、奖励、管制、再配置等方式,实现科技创新资源、科技创新研发人员及服务人员在区域间重置; (2)实现科技资源开放共享、重大关键技术联合攻关。
		产业驱动	(1)实现创新成果在应用领域的产业化; (2)注意原始创新成果在欠发达地区的应用和产业化,消弭地区间创新成果的产业差异。
		制度驱动	(1)制定科技创新政策,营造良好的科技创新制度环境和市场环境; (2)赋予欠发达地区特殊的科技政策,以缩小地区间科技创新要素集聚和科技创新能力。
	创新驱动类型	区域划分	按照行政区划或地域的科技创新技术梯度,推进不同区域在科技创新链条中的差异化分工,以形成错位互补、联动整合的区域科技发展格局。
		层次分层	根据大、中、小城市规模等级和功能结构体系采取差异化的措施,在城市群内部深度开展科技交流合作。
		类型区分	基于区域科技资源禀赋条件和产业文化等特色,按照分类特点采取差异化政策措施,有针对性地提升不同类型地区的科技创新能力。

3.1.2.5　区域技术创新驱动发展战略

区域的研究侧重于城市内部区域、跨城市区域和城市群区域三个概念范畴。城市区域的创新驱动发展是我国构建现代化城市体系、实现经济高质量发展的重要战略支撑,城市的现代化要求以科技创新和制度创新为"双轮"驱动全面创新,要在传统要素投入的基础上,引入知识和技术等生产要素,并通过创新活动优化生产方式、提升劳动者素质和重新进行资源配置,提高生产要素使用效率;要以现代化经济体系构建为主要任务,在现代化动力体系和现代化制度体系的共同支撑下,打造以"实体经济、科技创新、现代金融和人力资源"协同发展的现代化产业体系,最终实现以提高全要素生产率为核心的高质量发展目标。

对于区域创新驱动发展战略的研究,主要从创新主体、创新资源、创新机制、创新环境等方面展开研究。创新主体包括区域所在的政府机关、各类企业、相关的高校及科研院所等。创新资源包括相关创新主体所拥有的资本、知识、人才等。创新机制是指使得创新系统得以运行的激励、监督、评价等机制,以保障创新活动能够有序、顺利开展。创新环境包括国家所制定的政策与法制、创新基础设施、外部联系等,以保障创新系统有效运行。

创新引领区域发展。科技是第一生产力,一旦经济发展进入新的发展阶段,需要发挥科技创新对经济发展的推动作用,才能提高经济发展质量。区域发展想要改变"跟跑"的局面,提高经济发展质量,就需要加大科技创新投入,掌握更多原创性核心技术,整合科技创新资源(包括科技创新人才、科研院所、创新资本等),未来区域驱动发展战略需要以创新中心所在城市群为单位,推进区域经济整体发展,进一步有效地整合、利用好科技创新中心的资源,辐射带动区域经济发展,以创新引领区域发展,使科技成为区域经济协调发展的重要动力。

3.2　理论基础

3.2.1　数字普惠金融理论

数字普惠金融,是数字化的普惠金融,本质上仍属于普惠金融,普惠金融打通了由金融排斥到金融包容的通道,重点考查渗透度、使用度、效用度和承受度(陈加民 等,2020),随着数字技术的加入和普惠金融的实践检验不断增加,数字普惠金融以其覆盖广度、使用深度和数字化程度的核心内容,是对普惠金融理念的二次升华,重点是强调对传统金融的一种创新,创新点在于将科技与金融融合,但不是片面追求"数字迎合"或"创新迎合"。此外,数字普惠金融的核心要义主要在于其充分利用数字技术降低了交易成本,缓解了借贷双方的信息不对称程度,推动交易去中心化、支付变革和金融产品货币化,导致银行、证券和保险边界模糊化,有助于打造金融业务服务一体化。

2016 年 G20 普惠金融全球合作伙伴(GPFI)报告《全球标准制定机构与普惠金融——演变中的格局》(GPFI 白皮书)对数字普惠金融进行了严格定义,认为数字普惠金融泛指一切通过使用数字金融服务以促进普惠金融的行动。其内容包括运用数字技术为无法获得金融服务或缺乏金融服务的群体提供一系列正规金融服务,其所提供的金融服务能够满足他们的需求,并且是以负责任的、成本可负担的方式提供,同时对服务提供商而言是可持续的。由此可见,该定义既囊括了需求方的使用面、覆盖面和承受面,也考虑了供给方的承受面。数字普惠金融主要业务涵盖各类金融产品和服务(如支付、转账、储蓄、信贷、保险、证券、财务规划和银行对账单服务等),可以通过数字化或电子化技术进行交易,如电子货币(通过线上或者移动电话发起)、支付卡和常规银行账户。围绕上述定义所制定的 G20 数字普惠金融高级原则(HLPs),倡导利用数字技术推动普惠金融发展,平衡好数字普惠金融发展中的创新与风险,构建恰当的数字普惠金融法律和监管框架,扩展数字金融服务基础设施生态系统,采取负责任的数字金融措施保护消费者,重视消费者数字技术基础知识和金融知识的普及,促进数字金融服务的客户身份识别,监测数字普惠金融进展。该原则内化数字普惠金融的运行规则及风险规避点,有助于数字普惠金融服务的有效实施。

此外,本书将数字普惠金融、数字金融、互联网金融和金融科技四种相近的金融术语进行区分,虽然四种概念都是数字技术应用于金融服务行业的创新产物,但金融科技与互联网金融相似且偏向于技术维度,数字金融是金融科技与互联网金融发展的进一步发展的产物,覆盖面更为广泛。而数字普惠金融虽然加入了技术元素,但其更侧重于金融理念创新,更侧重于金融服务边界的拓宽和客户获得金融服务成本的降低。数字普惠金融是普惠金融发展的必经阶段,也是数字金融与普惠金融叠加融合的产物,而且其承接载体的金融机构职能及监管并未发生明显的改变。值得注意的是,三者说法由于含义较为接近,研究学者最初并未进行严格的区分,因而前期文献属于"互联网金融""金融科技""数字金融"等主题的研究也是本书的重要参考。同时,本书结合普惠金融的迭代发展需要,并结合数字的技术符号,采用"数字普惠金融"提法,同时采用 GPFI 白皮书的提法,将数字普惠金融定义为一切通过使用数字金融服务以促进普惠金融的行动。

3.2.2 技术创新理论

技术创新理论主要包括区域技术创新系统理论和需求拉动创新理论,区域技术创新系统理论说明一个地区的技术创新水平应该是全过程多方位的综合,从投入人力资本、研发资金等到产出新技术、新产品等都能反映出该地区技术创新的能力。在技术创新指标衡量中,主要采用研发密度(投入阶段)、专利(中间阶段)、新产品销售占比(产出阶段)三个代理指标,分别对应投入、中间和产出三个阶段。需求拉动创新理论说明在开展区域技术创新活动的资金需求性出现了融资约束、高风险、定价困难、交易成本高等问题,由此需要采用信息不对称理论、委托-代理理论、信号传递理论解决相关问题。提升区域技术创新水平同时需要产业升级及人力资本积累,因而同步需要运用到开放创新理论、自主创新理论、破坏性创新、全面创新管理理论、知识创新理论。在研究过程中,创新指标的选取必须建立在相应的理论基础上,同时还要考虑区域技术创新水平的不均衡性及异质性。

3.2.3 信息不对称理论

信息不对称理论从 1970 年后开始进行系统研究,该理论认为在市场经济活动中,信息优势一方倾向于做出对自己有利而不利于对方的经济行为。而市场交易行为发生之前的信息不对称容易导致逆向选择问题,借款方中小企业进行外部融资时,由于其掌握自身经营全面真实的信息,而贷款方金融机构却由于借款方中小企业规模小、信息不透明等原因只能掌握部分信息,此时由于信息搜寻成本较高,贷款方处于信息劣势,便存在选择调高贷款利率以此覆盖风险的动机,这可能会致使部分信用风险较低的优质客户(如中小企业)流失,最终导致很多信用风险较低的资金借贷者(如中小企业)被排挤出市场,导致中小企业面临较高的融资成本和严重的融资约束。与事后信息不对称相对应的后果是道德风险问题,贷款方金融机构由于无法追踪和监督借贷者的资金使用情况及经济行为,资金借贷者中小企业可能会做出不利于回笼本金与利息的行为,不利于提高开展技术创新项目的企业资本配置效率。此外,创新研发项目具有风险高、资金投入大等特点,信息不对称程度相比其他融资项目更高,因此以中小企业为代表的弱势群体极易遭受金融排斥,其创新研发活动面临严重的融资约束。

3.3　分析框架

3.3.1　数字普惠金融发展与区域技术创新水平提升的整体研究架构

区域技术创新是一个渐近与递进的过程,参与主体如政府、企业、学校和社呈现出多样化的特点,创新意识及行为需要逐步养成,因此从创新意识培养、创新实践及创新素养形成组成全过程链条,所需资金量大,试错成本高,导致资金使用风险增加。金融体系通过风险管理、信息处理、筹融资、储蓄动员、公司控制、资源配置、价格发现、支付清算以及监督激励等九种形式发挥金融功能，由于技术创新产品需要经历研发与试用、形成销售产品乃至产业规模化等多个阶段的动态复杂进程，每个环节都具有高投入、高风险和高收益等特性，它的成功实现需要一个筹融资高效稳定、风险管控到位、监督激励有效的数字普惠金融运行体系来提供全方位服务，因而区域技术创新水平凸显了风险管理、筹融资和监督激励等三种金融功能的作用。数字普惠金融发展与区域技术创新水平分析框架如图 3-2 所示。

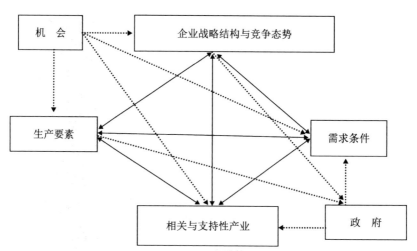

图 3-2　数字普惠金融发展与区域技术创新水平分析框架

（1）筹融资高效稳定

技术创新包含新设想的产生与形成、产品的研究与开发、商业化生产与扩散等一系列复杂的行为过程，具体表现为产品创新、工艺创新和服务创新。技术创新过程可分为三个阶段，第一阶段是新思想的形成阶段，属于技术创新的先导阶段，此时需要投入有创新理念的人力资本；第二阶段是新产品的开发、新工艺的采用阶段,属于技术创新的实践性阶段,此时需要人力资本、物质资本的支持;第三阶段主要是新产品、新工艺的商业化应用及在社会上的扩散与采用,属于技术创新的应用性阶段,此时需要物质资本、产业资本的支持。由此可以发现,技术创新过程需要大量的筹资融资支持,资金链环环紧扣,不能"断供",要及时衔接到位,重点是要保持高效稳定,任何一个环节出现缺口,都将直接影响技术创新产出。金融机构提供的贷款和金融市场提供的股权、债权融资等服务是技术创新资金的重要来源(叶耀明 等,2007)。在技术创新的三个不同阶段,需要不同的融资种类,复杂的技术创新过程需要数字普惠金融贯穿其中。

(2)风险管控到位

技术创新的特性决定了技术创新投资将面临流动性风险和收益率风险,创新主体往往难以独自承担全部风险。资金资本提供者具有短期流动性及低风险偏好,而一些技术创新项目往往周期较长且资金投入大,极容易导致风险过度积累和集中,此时就可以充分利用数字普惠金融数字技术的优势。承担任务的金融机构通过集中处理信息,可以有效减少重复获取和处理信息的成本,评估并投资有发展潜力的技术创新项目,通过慎重甄选,对最具开发和投产企业进行风险投资,从而大大提升技术创新的成功率。同时借由风险基金专业人员对技术的先进性、成熟性和市场性等进行充分考察、分析、判断后,便可以实现对风险的及时识别风险及有效规避。从企业家的角度出发,他们从事的是风险性技术创新活动,而非用现有的方法和技术简单再生产,更需要金融机构风险管控部门进行专业评估,有效提示投资风险。技术创新需要金融系统集聚投资者的资金并投资于大量的技术创新企业和项目,以分散投资者和企业家的风险。此外,持有非系统性风险且具有创新类型项目所发行的股票不但可以减少风险,还可以增加全社会对创新活动的投资(King and Levine,1993)。与此同时,保险公司还可以为承载技术创新任务的新兴产业提供保险,以此降低创业者和投资者的风险。

(3)监督激励持续有效

一旦技术创新进入应用性阶段,项目便会获得可观的利润,此时若有产业资本进入,形成产业规模效益,则项目会获得巨大成功。在此过程中,由于技术创新项目存在着市场营运管理的客观风险,如果技术创新主体盲目追求利益而没有有效的监督防范措施,则会增加技术创新的主观风险,加大技术创新失败的可能性,因而有必要引入职业经理人进行有效的公司治理,推动技术创新含量高的产业结构升级。金融系统的存在,使得有许多潜在投资者对技术创新所有权或债权进行分析与竞争。如果假定每个潜在的投资者不仅具有不同的对于该技术创新效用或效益的知识,而且也具有关于该技术创新进入生产过程、销售过程不同合约安排的交易费用方面的信息,那么,竞争的作用将会促使技术创新寻找到那些能够使其产生最高价值或效益的买者,从而使技术创新相关资源的配置达到最优化(唐绪兵 等,2005)。因此,适当引入金融机构、风险投资者以股权激励、期权激励等方式建立企业技术创新激励约束机制,可以有效发挥企业和个人技术创新的主观能动性,同时监督约束企业和个人的盲目行为,减少技术创新失败的主观因素(李大伟 等,2003)。

3.3.2 数字普惠金融发展与区域技术创新水平提升的阶段特点

技术创新思想的形成阶段是指有创新思想、创新设想的产生与形成,技术创新首要条件是必须具备创新意识,用全新的思维方式理解现代技术的发展,才能将技术创新推向下一阶段。创新意识的施动者主要是人,该阶段最重要的是投入有创新理念的人力资本,企业能否获得技术创新项目的匹配型人才对技术创新成果的产出至关重要,创新型人力资本在不同时间空间流动并与区域内各个创新主体产生交叉互动,以此带来创新知识与技术的区域间流动,创新知识与技术的空间溢出将成为一种新常态。较低的人力资本水平不仅意味着技术创新人才的匮乏,还意味着数字普惠金融活动参与主体的素质不高,导致数字普惠金融对技术创新活动的推动力不足。反之,当区域的人力资本水平较高时,承担数字普惠金融的相关金融机构人员能学习并具备较强的数字技术能力,同时技术创新融资需求方也能学习并掌握相关的金融知识,实现数字普惠金融发展与区域技术创新水平的同步提升。

在技术创新跨入创新理论、新产品的开发、新工艺的创造阶段时,需要大量的研究和实验才能将其转化为实际可投入使用的产品,该阶段是技术创新的核心阶段,需要大量的人力资本、物质资本的支持,因此该阶段的顺利完成并最终达到成果需要高效稳定的筹融资。由于本阶段调动资源最多,周期较长,属于承前启后的环节,所以技术创新项目成功与否短期内无法及时体现。传统金融机构容易忽视项目的发展前景,由于项目无法度量或成为贷款抵押标的物,会直接影响技术创新主体的筹融资。为克服传统金融的弊端,数字普惠金融发挥新兴数字技术特性的主要优势,建立灵活高效的金融体系,通过大致识别技术创新核心阶段的成本效益,弥补信息不对称劣势,为技术创新主体在该关键阶段提供更多的筹融资资源,提高技术创新投资的效率和质量,促进金融资源配置的优化和技术创新投资效率的提高,以此促进区域技术创新的研发创新活动的顺利推进,增强区域技术创新水平和区域经济活力。无论是数字普惠金融的空间外溢或者区域技术创新研发交流及知识共享,都能推动数字普惠金融及区域技术创新的共享和协同发展。

当区域技术创新进入应用性阶段时,此时新产品和新工艺会得到商业化应用,在社会上得到推广与使用,并获得相应的销售收入。在该阶段,新的产品进入市场,区域技术创新主体对研发产出不仅要进行后续试验、再更新和维护,还要得到消费者接受并认可;当技术创新产品及服务进入规模化阶段,形成完整的产业结构时,此时需要筹融资资本、产业资本的支持。数字普惠金融便可提供相应的筹融资资本、产业资本支持,提高技术创新产品化速度,同时借助数字化平台和互联网媒体运营,通过平台经济运作拓宽销售渠道,从而为区域技术创新产品的推广、销售和使用提供更多空间。一方面,数字普惠金融可以加速区域经济增量向高附加值技术产业倾斜;另一方面,通过推动区域产业结构优化升级,既能形成高效的产业资本支持,也能促进区域产品化技术创新水平,提升创新主体的创新能力和研发成果转化效率(庄旭东和王仁曾,2021)。此外,数字普惠金融的发展可以深层次解决区域之间经济和技术发展不均衡的问题,推动技术创新产品跨区域流通与传播,从而进一步降低技术创新产品成本,提升区域技术创新产业的产品输出和产出效率,提高技术创新产品的附加值。数字普惠金融还可以通过支持区域内的技术产业集聚发展,提高区域技术创新产业的规模化和集群化,推动区域技术创新行业企业的协同发展和合作交流。

总之,数字普惠金融对区域技术创新三个阶段的影响特点各不相同,主要取决于各阶段需要的资本类型不同,互联相通的数字普惠金融与区域技术创新不断促进,互相支持,既有利于保证金融业的资金的流动性,也有利于进行区域人力资源积累,提升区域人力资源水平,打造区域技术核心竞争力,同时促进区域产业调整及结构优化升级,形成区域产业优势,为科技创新及新质生产力发展贡献力量。

3.3.3 数字普惠金融发展与区域技术创新水平提升的间接作用机制

3.3.3.1 缓解融资约束的间接作用路径

融资约束是影响区域技术创新水平提升的关键因素,众多学者研究表明数字普惠金融的发展有效缓解区域技术创新主体的融资难、融资贵问题,以此增加技术创新研发的投入频率和投入强度,从而有利于企业完成技术创新项目并投入应用环节,推动区域技术创新水平整体提高。表现为:依托于云计算、大数据和区块链等先进数字技术手段,数字普惠金融具备更高效的贷款信息收集及处理能力,有效缓解借贷过程中融资双方可能出现的信息不对称问题,为具有较大发展潜力的技术创新企业提供资金支持,增加各阶段的资本投入,以此提升区域技术创新水平。数字普惠金融通过数字技术简化借贷审批程序,实施全流程线上化、智能化、标准化操作,建立大数据模型进行批量授信,各种金融机构及融资平台积极创新数字普惠金融产品,以清晰的客户画像,将申请金融服务的技术创新企业的不同特征匹配适用于不同场景类型的融资业务,并分别采取针对性的审批策略,根据风控模型实现线上授信和利率定价,授信后积极跟踪借贷资金使用用途,防范评估借贷风险,成熟的数字普惠金融服务方式有效解决了区域技术创新项目的融资约束瓶颈,切实增加了区域技术创新的研发投入,促成了区域技术创新的成果输出,整体上提高了区域技术创新水平。

3.3.3.2 产业结构优化升级的间接作用路径

数字普惠金融发展有助于缓解作为"尾部"客户的中小企业的流动性困难,实现由该类型企业由劳动密集型加快转型为资本或技术密集型企业,促使区域内企业进行转型升级,加快实现地区的产业结构优化升级,以技术为串联元素,实现三个产业结构布局合理。对于有技术创新需求的产业,数字普惠金融直接增加了技术供给,推动区域技术创新发展,由此可见,产业结构升级为技术机会的转移和要素优化配置提供了良好的条件,将对区域技术创新水平提升产生积极的促进作用(徐洁香 等,2019)。

数字普惠金融作为数字技术与金融业态的结合体,可进一步利用其拥有大数据、云计算等信息处理技术构建评价系统识别具有长期投资价值或者具有更高市场认可度的技术创新型融资项目(马光荣 等,2011),由此可以进一步引导社会闲置金融资源流向,保证技术创新活动的连续和可持续,重塑产业发展导向,推动区域的产业结构优化升级(付宏 等,2013;林春艳 等,2016)。地区产业结构的升级不仅有助于实现技术创新的机会在区域内通过行业企业间的协同发展,而且有助于引导将技术创新项目迭代到效率更高的行业企业中,实现技术效率提升,从行业企业协同发展角度提高区域技术创新水平。

3.3.3.3 人力资本积累的间接作用路径

创新驱动实质上是人才驱动,一流的技术创新人才是企业掌握科技创新优势和主导权的前提(Balsmeier et al.,2014),人力资本水平的高低对区域技术创新具有重要作用(刘曙光 等,2017)。一个区域的人力资本水平越高,说明该区域内企业技术人员对新技术的吸收及学习能力就越强,利用数字普惠金融操作与创新研发活动的相关资金借贷就越顺利。反之,人力资本水平低,说明数字普惠金融参与主体的素质不高,对于数字普惠金融服务的作用和操作流程可能缺乏理解或存在认知误区,难以发挥数字普惠金融功效。同时,如果金融机构工作人员一旦数字技术知识更新能力缺乏,无法正确熟练掌握数字普惠金融知识,当然没法及时服务技术创新企业主体,对其提供金融支持,不利于提升区域技术创新水平。所以,区域的人力资本积累的理想状态是金融从业人员具有较高的数字普惠金融专业素养,技术创新主体具备必要的金融知识和数字技术参与度,两种类型的人力资源的完备对于数字普惠金融发展和区域技术创新水平的提升起到关键性的作用。此外,较高、较好的区域人力资本水平会出现外溢效应和空间聚集效应,会对区域技术创新产生正面影响(宋涛和荣婷婷,2016)。

除了以上三个间接作用路径,需求端也是关键影响因素。一旦市场存在对技术创新产品与服务的需求,成熟的市场经济机制便表现为企业持续加大研发投入,利用数字普惠金融缓解融资约束问题,将物质资本、人力资本和产业资本融入技术创新全过程,以此完成企业技术创新产出,形成符合市场需求的产品和服务,由此带来区域整体技术创新水平的提升。研究表明,多元化消费信贷的产生使得数字普惠金融可以有效缓解居民的流动性约束进而刺激市场有效需求(董云飞和李倩,2019),数字普惠金融不仅可以有效激励产生新的市场需求,而且还会带来区域消费结构的优化、升级,消费规模的扩大能够刺激企业开展以扩大生产规模和提高生产效率为目的的技术创新,而消费结构优化升级则直接推动厂商对生产技术进行更新换代。

数字普惠金融凭借其数字化技术赋值优势有效挖掘有效需求背后的信息,移动支付方式的变革,深层次地改变了人们的消费行为习惯。支付的消费记录经过大数据挖掘、云计算处理以及人工智能分析,可以使得企业获得市场需求信息,由此生产符合消费者需求的产品,提供满足消费者需求的服务,从而为技术创新活动提供更具有市场化指导价值的方向性信息,以此抢占市场产品和服务份额。有效需求的刺激和需求结构的优化为企业打造技术核心竞争力奠定了良好的基础,最终落脚于整个区域技术创新水平的提升。

4 数字普惠金融
非均衡发展及收敛性分析

    数字普惠金融战略实施和区域技术创新驱动发展战略是国家发展战略的重要组成部分,从发展历程上看,数字技术成为数字普惠金融和区域技术创新的重要媒介和主要工具,数字普惠金融经历了普惠金融、互联网金融和科技金融等多次重要发展阶段,区域技术创新成为区域创新驱动发展的内核和主要抓手,不断积极践行国家重要发展战略。因此,对数字普惠金融发展与区域技术创新水平现状发展历程进行考察和总结分析,不仅有助于梳理数字普惠金融发展与区域技术创新水平提升探索历程,同时也能为经济高质量发展提供借鉴参考作用。非均衡发展的本质在于因区域制宜,因区域施策,主要衡量的是各个区域的数字普惠金融和技术创新的能力。本章整理归纳了各类非均衡发展指数模型,从研究县域、地级市和省份的实际情况出发,计算得出各类指数模型数据,并从 σ 收敛和 β 收敛重点探讨非均衡发展的收敛性。

4.1 数字普惠金融改革发展历程

4.1.1 数字普惠金融资源配置优化的历史沿革

联合国于 2005 年第一次提出普惠金融的概念,普惠金融可以规范与实现金融可持续发展,普惠金融与金融包容没有本质差别,其目标是消除金融排斥(李建军和韩珣,2017),普惠金融发展是金融促进人文发展、经济社会发展和共享发展的一种金融发展形式(高霞,2016)。普惠金融发展是当代金融发展的新阶段(贝多广,2016),普惠金融发展水平衡量了金融发展的社会性和公平性,其主要测度指标为所供给的普惠金融服务的可得性、使用情况和产品种类与质量。随着数字技术的发展,普惠金融融入技术创新元素,以 2016 年为数字普惠金融发展元年,《G20 数字普惠金融高级原则》从数字技术、风险防范、法律监管等角度界定了数字普惠金融的发展方向,数字普惠金融克服了金融服务的"最后一公里"瓶颈问题,建立了一个高覆盖、持续性强、便利性足的金融服务体系,实现为社会各个发展客体及个体提供金融产品及服务的目标。数字普惠金融与区域技术创新是实现经济高质量发展的两个重要课题,国家从规划、制度及政策等方面对此进行了规范和部署,既明确了其发展目标,以创新金融服务与金融产品,也优化了发展环境,以促使金融工具普惠化,服务于国家高质量发展大局。从资源配置主体角度出发,数字普惠金融主要经历了以下三个发展模式阶段:

　　第一个是服务于贫困农户的"小额信贷"模式阶段。小额信贷服务对象主要是贫困村民,20 世纪 70 年代的孟加拉国的小额信贷实验为"小额信贷"模式的推广提供了先河,中国于 20 世纪 90 年代在贫困地区开始实施公益性的小额信贷,"小额信贷"模式不仅改善了贫困农户的发展和生活困境,也使得发放小额信贷的金融机构成功回收了相应的利息进而创造金融利润,随着该模式在实践中的进一步修正,逐渐形成了现代普惠金融的发展雏形,其出发点从扶贫出发点慢慢拓展到提升生活质量乃至于促进就业和推进经济发展。

　　第二个是服务于欠发达地区、中小企业与弱势群体的"普惠金融"模式阶段。随着"小额信贷"模式获得了国际推广,2005 年,联合国在"小额信贷年"活动上首次提出普惠金融。2008 年,普惠金融联盟(AFI)成立,从资金、技术、物流端发力,建立经验与研究成果的信息共享平台,以推动成员国的普惠金融发展。2009 年,二十国集团(G20)创立普惠金融专家组(FIEG)。2010 年,建立全球普惠金融合作伙伴组织(GPFI)。2011 年,AFI 所签订的《玛雅宣言》对发展普惠金融作出国际性官方承诺,世界银行在各国开展普惠金融指标调查并形成全球普惠金融数据库,用于定量监测普惠金融发展水平,同年,中国银监会正式加入 AFI,为中国政府推行普惠金融发展提供了前期准备。

　　2013 年,中国首次提出普惠金融的概念并定为金融长期发展战略,有效缓解了小微企业的融资困难和区域金融资源不均衡状况,进一步延展和扩充了"小额信贷"模式的授信范围和对象。2015 年,《推进普惠金融发展规划(2016—2020 年)》发布,该规划以支持实体经济、助力共同富裕为落脚点,聚焦小微企业和社会群体的金融服务需求,鼓励金融机构提供金融支持,为实体经济发展贡献金融力量。2017年,通过设立普惠金融事业部进行机构革新,普惠金融实施主体由小型银行金融机构扩展为各大商业银行,由此带来了普惠金融的重大发展,普惠金融贷款也得到快速增加。大型商业银行成为践行普惠金融的骨干。在国家出台一系列政策后,我国普惠金融发展取得了重大成就,普惠性贷款实现飞速提升。中国人民银行发布的统计报告显示,截至2023年末,我国普惠小微贷款余额29.4万亿元,余额同比增长23.5%,普惠金融涉及服务相关领域贷款增长较快。农户生产经营贷款余额同比增长18%,助学贷款余额同比增长22.4%,全国脱贫人口贷款余额同比增长12%,由此可见,服务于欠发达地区、中小企业与弱势群体的"普惠金融"模式基本形成。

第三个是服务于金融需求主体和金融供给主体并举的"数字普惠金融"模式阶段。普惠金融主要为各个基层有金融需求的主体提供金融服务,但贫困、偏远地区的需求对象受地理位置的限制难以得到满足,数字技术从时间和空间上有力解决了普惠金融物理网点覆盖困难的"最后一公里"问题,大大拓展了原先无法获得或缺乏普惠金融服务群体的覆盖面,实现了中小微企业和贫困个体最大程度的覆盖,使得金融机构的搜寻成本和服务成本大为减少,数字普惠金融通过其强普惠性和高数字化程度,大大缓解了资金需求主体的融资困境,进一步减少了债务融资费用,通过大数据模型和云计算的综合运用,对于资金需求主体信息能够及时、快速、高效、全程地搜集加工,既精准满足了客户的融资需求,也有效提高了金融机构的风险防范和监控能力,解决了普惠金融供给方在开展普惠金融时的可持续性整体评价情况不佳的问题(陈加民和谢志忠,2020),进一步丰富普惠金融供给主体、深化区域数字化程度和夯实普惠金融生态建设,从而构建了金融供需主体并举的"数字普惠金融"模式,提升了数字普惠金融的发展能级。

4.1.2　数字普惠金融资源配置战略地位

数字普惠金融快速发展已经进入一种新常态,随着大数据分析技术分析与应用的日益广泛和深入,具有强大的计算能力和数据处理能力的人工智能同时蓬勃兴起,利用数字化技术推动数字普惠金融深度发展,通过政策体系、机构体系和产品体系所衍生出来的数字普惠金融发展资源的战略地位显得日益突出。世界银行认为新技术促进了普惠金融发展,使得普惠金融受益群体的边界变为更为宽广。连耀山(2015)认为互联网技术的应用与发展普惠金融有高度契合点。随着互联网信息技术与普惠金融的相互渗透,可以解决普惠金融供给与需求之间的资源错配问题。郭峰等(2016)认为,数字普惠金融为经济落后地区实现普惠金融赶超经济发达地区提供了可能。数字普惠金融通过触达性、降低成本和风险控制三个维度的耦合作用,拓展了尾部市场,低成本服务长尾客户,解决了"成本"与"收益"之间的矛盾,使金融服务更加普惠(宋晓玲,2017)。数字金融具有的"成本低、速度快、覆盖广"等优势能够打破传统金融服务的诸多限制,显著提高金融机构的服务效率和服务质量,特别是有助于解决不发达地区长期以来的金融服务不足问题,在一定程度上缓解了原先被传统金融体系排除在外的群体的融资难题。金融可得性和服务水平的提高激励创新创业活动的发生,有利于促进城市技术创新水平的提升(梁榜和张建华,2019)。钱海章(2020)认为,数字普惠金融发展能够通过促进技术创新(尤其是创新质量)与地区创业,最终推动经济增长。由此可见,数字普惠金融发展一方面能够兼顾金融发展的商业可持续性和普惠性,另一方面能够对经济增长有显著的促进作用,其资源配置战略地位正日益提升。

4.1.3 数字普惠金融资源配置发展方向

随着数字经济逐渐登上世界经济发展和全球竞争的舞台,数字普惠金融主要表现为数字经济及其核心产业统计分类(2021)中的数字化效率提升业银行金融服务模块,银行通过提供发放贷款、理财、监管等服务活动,包括中央银行服务、货币银行服务、非货币银行服务、银行理财服务和银行监管服务。Lee 等(2018)指出数字技术在促进普惠金融发展中体现出有效的创新性融合,数字普惠金融资源配置发展的核心部分为数字技术,是普惠金融发展的新阶段。数字经济是国际竞争的关键点,提升消费者数字金融素养是全球适应数字金融时代到来的共同选择和必要准备(李东荣,2020)。杨涛等(2022)认为上升到国家金融战略的普惠金融既是金融供给侧结构性改革与金融"向善"的核心内容,也是实现经济、金融、社会三者良性可持续发展的重要抓手。数字普惠金融资源未来配置发展方向将主要围绕数字经济高质量发展发力。以福建省实施数字经济政策的落地实施为例,2022 年,福建省提出全力发展数字经济、海洋经济、绿色经济、文旅经济等四大经济口号,以数字普惠金融为技术创新媒介,为福建省高质量发展培育新的增长极。

数字普惠金融资源配置发展方向围绕数字普惠金融政策体系、机构体系、产品体系发力。如制定和完善数字普惠金融激励政策,但应避免激励政策实施过程的道德风险和激励效果不佳问题。虽然金融机构体系建设相对完善,但可以将担保和股权筹融资融入数字普惠金融机构体系,在此过程中,地区的政策性担保机构应起到分担流动性风险的作用。此外,数字普惠金融领域的产品体系相对丰富,但应在提供数字普惠金融特色产品和服务创新上下功夫,比如缺乏异地人口进入本地创业的金融产品服务创新,同时应使得产品的创新惠及面更为宽广。

4.2 非均衡发展理论基础及指数模型

从空间视角来看,不同地区之间势必存在数字普惠金融发展水平的空间分异;从时间维度来看,不同地区之间势必存在动态的趋势演变和效应差异,客观上导致了不同县域之间普惠金融的非均衡发展变化。

从数字普惠金融实施的实践情况看,加强数字普惠金融能力对当前我国数字经济建设发展有着重要的现实意义。鉴于各个省份区域内部亦存在差异化的数字普惠金融发展水平,从空间视角来看,不同地区之间势必存在数字普惠金融的空间分异;从时间维度来看,不同地区之间存在动态的趋势演变和效应差异,客观上导致了不同区域之间的非均衡发展变化。在当前战略导向、策略要求、政策指向和现实要求下,如何结合数字普惠金融特点,进一步探索数字普惠金融演化的空间效应、时空演变特征以及县域格局变迁的主要驱动因素,切实解决数字普惠金融供需不平衡、融资成本高等内在矛盾,是研究数字普惠金融发展的关键点。

要实现数字普惠金融发展水平的提升,就必须在理论和实践两方面解决好如下问题:其一,数字普惠金融发展水平变化的时间序列特征是什么? 影响数字普惠金融发展水平变化的主要因素及其作用机制是什么? 其二,数字普惠金融发展水平提升的溢出区域特征及其影响因素是什么? 这些问题都亟待通过研究做出科学回答。此外,普惠金融已成为国家既定发展政策,在"数字中国"的发展背景下,基于空间溢出及非均衡发展潜力的视角研究数字普惠金融微观区域在"数字中国"建设过程中存在广泛的空间集聚现象,并产生普惠金融"空间外溢性"现象的机理。其中,数字普惠金融微观区域变迁的主要驱动因素是什么? 微观区域数字普惠金融存在何种"区域异质性"现象? 深入研究并解决这些问题,对推进"数字中国"建设、发展数字经济及数字普惠金融发展战略实施具有重大意义,同时也能为制定数字普惠金融微观区域优化政策提供有益借鉴。

不同区域的数字普惠金融发展水平呈现非均衡发展态势,常用的衡量数字普惠金融非均衡发展程度的模型包括 Gini(基尼)系数、Theil 指数、变异系数、极距与倍率、Zenga 指数(姜尚男,2020)。相较于变异系数、Theil 指数等其他较为常用的指标,Gini 系数应用领域最为广泛,其主要优势是提供了一个基于总体分布的不平等程度的单一衡量标准,并允许跨国家和时间段进行比较。另外,Gini 系数的子群可分解性便于我们更细致地探寻各子群的差异。虽然泰尔指数同样具有可分解性,但相比于 Gini 系数,其应用范围有限;变异系数直观性较强,容易理解,但不具有可分解性,且没有确定的取值范围,缺乏可比性;极距和倍率易受极端值影响;Zenga 指数是近年来才提出的一种不平等测度方法,虽然具备一些优良特性,但相对来说仍未成熟,应用范围比较有限。

　　对非均衡的研究最初主要围绕经济均衡展开。黎传熙(2018)介绍了区域经济发展理论中的非均衡发展理论,包括冈纳·缪尔达尔的循环累积因果论、艾尔伯特·赫希曼的不平衡增长论、弗里德曼的中心—外围论、美国哈佛大学教授雷蒙德·弗农首创区域经济梯度推移理论、法国经济学家佩罗提出具有时代意义的增长极理论。区域经济发展理论中的非均衡发展理论认为,开始时各地域的初始状态可能是不均衡的,但落后的地区可能会向先进地区学习,最终所有地区的发展会收敛至一个水平。刘雪晨(2019)围绕微观范畴的均衡研究、宏观经济框架下的微观均衡研究、宏观范畴的均衡研究对经济增长理论的均衡研究进行归纳,并阐述经济增长的多维均衡是动态平衡和静态平衡的统一结合,非均衡是常态并且可测度,实际水平是围绕均衡水平上下波动。郭海红(2021)为此梳理了关于收敛方面的经济理论:第一,新古典增长理论的观点是,技术进步是外生的,资本边际产出终将呈递减趋势,因而经济水平落后的地区经济增长速度会较快,区域间会形成平衡状态。第二,内生增长理论的观点是,技术进步是内生的,它既受区域的要素投入和技术投入的约束,又受学习曲线、经验积累、知识溢出等影响,因而资本边际产出不会呈递减趋势,具有较高资本、知识、技术累积的区域增速也会越高,区域间不会形成收敛形态。黎传熙(2018)、许瑶等(2020)都认为非均衡的原因主要是各区域的初始禀赋不同以及所面临的社会经济环境不同造成的。

　　利用系数指标研究非均衡发展问题成为一种主路径。黎传熙(2018)选取粤港澳大湾区各城市的 GDP、第三产业 GDP、第三产业占比、人均 GDP、地区发展、城乡发展不协调指标,通过指标法分析粤港澳大湾区发展不均衡的现状。许瑶等(2020)通过养殖人员培训水平、推广机构密度、推广人员学历水平、经济发展水平的差异等指标分析中国海域利用效率的空间非均衡格局成因。郭海红(2021)则采用了时序图,刻画了其估计出来的绿色全要素生产率的时间变化。张扬(2020)则在时序图的基础上加入条形图,并拓展研究的变量个数:总量、平均值、变异系数,以此讨论三江平原整体的耕地生产潜力的时间变化。

除此之外,还存在着其他的分析方法。许瑶等(2020)采用核密度估计、重心—标准差椭圆方法分析空间非均衡性及空间格局。郭海红(2021)利用核密度函数考察指标区域差异随时间动态演变趋势,然后构建空间马尔可夫链考察指标区域差异的空间流动性,并结合 Arcgis 趋势面分析深度考察区域差异的长期演化趋势。陈明华等(2016)结合核密度估计就五大城市群中内部金融发展水平的分布位置、分布态势、分布延展性、极化趋势等全面分析了五大城市群金融发展绝对差异的分布动态和演进规律。张扬(2020)和李玲(2020)还运用了地理加权回归(GWR),以及 GIS 软件刻画分级统计地图。余亮亮(2014)基于广义的基本公共服务差异视角,遴选出 11 个表征基本公共服务水平的指标,使用模糊数学评价法对不同地区福利的非均衡进行分析,采用的是客观的熵值法确定权重,得到基本公共服务福利在区域上非均衡现象比较严重的结论。刘雪晨(2019)在分析经济的均衡指数时,使用主成分分析进行评分,将低级指标汇总为总指标,使得对非均衡的评价由部分过渡到整体,归纳出潜在产出水平的测算方法,包括线性趋势法,即假设产出由长期趋势成分和短期波动成分构成,主要是使用 H-P 滤波法剔除短期波动得到长期趋势成分,这个长期趋势成分就是潜在产出,以及经济结构关系估计法的潜在增长率测算,是基于某种经济关系和其构成的函数关系来估计潜在增长率;主要有奥肯定律法,其通过失业率确定产出;还有生产函数法,生产函数的形式可以是柯布-道格拉斯生产函数;最后是基于多变量结构化分解法的潜在增长率测算和基于主观判断法的潜在增长率测算。付蕾(2018)分析了上述提到的 H-P 滤波法即生产函数法两种测算方法的优缺点。H-P 滤波法对数据要求不是太高,数据较容易获取,结果容易得到,且解释力度高;缺点是纯统计方法得出的结论缺乏经济理论,较难解释结果所蕴含的经济原因。而生产函数法对数据的选取要求较高,数据的准确性对结果有很大的影响;优点是该方法有一定的经济学理论背景,因而能很好地解释结果所蕴含的经济学原因。许瑶等(2020)则进应用前述的生产函数法,使用生产函数来构造生产前沿面应用于 2008—2017 年中国 10 个沿海地区养殖海域利用效率进行测度,研究并论证了中国海水养殖的空间非均衡发展问题。

增长的收敛性一般分为 σ 收敛和 β 收敛。收敛由弗里德曼(1992)和奎阿(1996)提出,是指在不同的经济区域个体产出或收入的分散程度随时间的推移而逐渐降低,通常采用标准差、变异系数和 Theil 指数进行分析,能够直观地反映区域间的差距是否缩小。收敛指期初水平较低个体的增长率高于期初水平较高个体的增长率,体现了落后者向发达者追赶的过程,包括绝对收敛和条件收敛。收敛和绝对收敛都属于绝对收敛的概念范畴,它预示每个个体的产出或收入水平都会达到相同的稳态增长速度和增长水平。相对而言,条件收敛考虑了各个经济体的条件差异,因此不会向相同的稳态进行收敛而是向各自不同的稳态进行收敛。

4.3 非均衡发展的 σ 收敛性分析

σ 收敛检验的实质是检验数据的离散程度是否会随着时间减小,常见的有标准差——衡量数据的绝对离散程度,其次是变异系数——衡量数据的相对离散程度,还有常用于测度收入差距的 Gini 系数。不同的方法对数据的敏感性各异,如 Theil 系数对较高发展水平变化较敏感,对数离差系数(LD)对较低发展水平变化敏感,Gini 系数对中等发展水平变化比较敏感。研究收敛性主要采用标准差、变异系数、σ 系数、Theil 系数、LD 系数和 Gini 系数等 6 种系数进行衡量。基于区域相互比较的需要,本章主要计算标准差、σ 系数和 Gini 系数。

标准差:

$$S = \sqrt{\dfrac{\sum\limits_{i=1}^{n} (\mathrm{DIFI}_{i,t} - \overline{\mathrm{DIFI}_t})^2}{n}} \qquad (4\text{-}1)$$

变异系数:

$$CV = \dfrac{S}{\overline{\mathrm{DIFI}_t}} \qquad (4\text{-}2)$$

σ 系数:

$$\sigma = \sqrt{\dfrac{\sum\limits_{i=1}^{n} (\ln \mathrm{DIFI}_{i,t} - \ln \overline{\mathrm{DIFI}_t})^2}{n}} \qquad (4\text{-}3)$$

Theil 系数:

$$\mathrm{Theil} = \dfrac{1}{n} \sum\limits_{i=1}^{n} \left(\dfrac{\mathrm{DIFI}_{i,t}}{\overline{\mathrm{DIFI}_t}} \ln \dfrac{\mathrm{DIFI}_{i,t}}{\overline{\mathrm{DIFI}_t}} \right) \qquad (4\text{-}4)$$

对数离差系数：

$$\mathrm{LD} = \frac{1}{n}\sum_{i=1}^{n}\ln\frac{\overline{\mathrm{DIFI}_t}}{\mathrm{DIFI}_{i,t}} \tag{4-5}$$

Gini 系数：

$$\mathrm{Gini} = \frac{-(n+1)}{n} + \frac{2}{n^2\overline{\mathrm{DIFI}_t}}\sum_{i=1}^{n}i\,\mathrm{DIFI}_{i,t} \tag{4-6}$$

式中：$\mathrm{DIFI}_{i,t}$ 表示第 t 年的第 i 个地区的数字普惠金融发展（区域技术创新）水平；$\overline{\mathrm{DIFI}_t}$ 表示第 t 年所有地区的数字普惠金融发展（区域技术创新）水平的平均值；Gini 系数中的 i 是指将所有地区的数字普惠金融发展（区域技术创新）水平按从小到大排列的排名。

4.3.1　全国数字普惠金融指数非均衡发展现状

许多研究者使用了新古典收敛理论中的收敛思想研究非均衡发展问题。思想之一是 σ 收敛思想，σ 收敛主要使用标准差、变异系数、σ 系数、Theil 指数（又称泰尔或锡尔指数）、对数离差系数（LD）及 Gini 系数（Beaudoing 等，2020）。马林静（2015）单独使用了变异系数对我国各区域粮食生产效率进行了 σ 收敛方面的讨论。许瑶（2020）在研究了海域利用效率的空间非均衡性时使用了其中的 Gini 系数、对数离差均值、Theil 指数。余亮亮（2014）虽然只选择了 Theil 指数，但 Theil 系数是可分解的。郭海红（2021）在研究绿色全要素生产率时综合采用了全部 6 个指标。

经济发展进程中各区域所获得的资源是不均衡的，表现为区域之间由于资源禀赋、发展潜力、生产要素聚集和战略地位的相异，导致区域之间差距日益加大，即使在区域内部，由于技术创新承载主体规模不同,在资源获取上也存在差距,由此,出现了数字普惠金融资源及技术创新水平投入的不均衡性。由北京大学数字普惠金融指数进行纵向比较分析可知,各省的数字普惠金融指数是逐年上升的,北京、上海等经济发展发达地区以及浙江、福建、广东等沿海城市均增长 1.5 倍左右,其他各省均呈现向上发展态势上涨;若从横向上分析,可以发现各区域呈现不平衡发展状态,体现为从东部到西部出现由高到低的递减趋势。以下分不同区域从数字普惠金融的总指数及 3 个子维度分析数字普惠金融指数非均衡发展现状。

4.3.2 区域细化下数字普惠金融总指数及分维度的非均衡分析

就全国地级市和县级区域而言,在年度考察范围内,数字普惠金融总指数的标准差、σ 系数和 Gini 系数在 2014 年出现急剧上升,但在 2016 年及以后下降得较为明显,此后趋于相对平衡状态。由于不同地区之间存在动态变化,导致地级市和县级区域之间存在数字普惠金融的非均衡发展变化,说明数字普惠金融政策的实施效果已经处于相对稳态发展的情形。如表 4-1 和图 4-1 所示。

表 4-1 地级市和县级数字普惠金融总指数非均衡指数分析

总指数	区域	2011年	2012年	2013年	2014年	2015年	2016年	2017年	2018年	2019年	2020年
标准差	地级市	0.1053	0.0907	0.0810	0.0758	0.0568	0.0462	0.0460	0.0457	0.0492	0.0494
	县域	NA	NA	NA	0.1219	0.1127	0.0403	0.0409	0.0441	0.0449	0.0449
σ 系数	地级市	0.0249	0.0191	0.0160	0.0148	0.0107	0.0086	0.0083	0.0082	0.0088	0.0087
	县域	NA	NA	NA	0.0292	0.0248	0.0088	0.0086	0.0092	0.0093	0.0093

续表

总指数	区域	2011年	2012年	2013年	2014年	2015年	2016年	2017年	2018年	2019年	2020年
Gini 系数	地级市	0.0139	0.0102	0.0086	0.0079	0.0057	0.0045	0.0043	0.0044	0.0048	0.0048
	县域	NA	NA	NA	0.0159	0.0141	0.0050	0.0048	0.0052	0.0052	0.0052

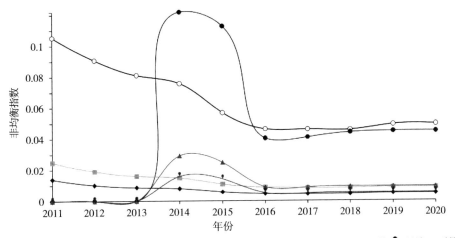

图 4-1　地级市和县级数字普惠金融总指数非均衡指数分析

4.3.2.1　数字普惠金融覆盖广度的非均衡指数分析

就全国地级市和县级区域而言,在年度考察范围内,覆盖广度的标准差、σ 系数和 Gini 系数不断下降,尤其在 2016 年及以后下降得更为明显,此后趋于相对平衡状态。如表 4-2 所示。

表 4-2　地级市和县级数字普惠金融覆盖广度非均衡指数分析

覆盖广度	区域	2011年	2012年	2013年	2014年	2015年	2016年	2017年	2018年	2019年	2020年
标准差	地级市	0.1597	0.1342	0.1041	0.0885	0.0849	0.0841	0.0693	0.0628	0.0629	0.0577
	县域	NA	NA	NA	0.1579	0.1613	0.0496	0.0479	0.0486	0.0461	0.0445
σ系数	地级市	0.0370	0.0280	0.0207	0.0170	0.0160	0.0157	0.0127	0.0114	0.0112	0.0102
	县域	NA	NA	NA	0.0368	0.0348	0.0108	0.0104	0.0106	0.0100	0.0096
Gini系数	地级市	0.0197	0.0152	0.0113	0.0090	0.0086	0.0085	0.0068	0.0061	0.0061	0.0055
	县域	NA	NA	NA	0.0195	0.0195	0.0061	0.0059	0.0060	0.0057	0.0054

4.3.2.2　数字普惠金融使用深度的非均衡指数分析

就全国地级市和县级区域而言,在年度考察范围内,使用深度的标准差、σ系数和Gini系数不断下降,尤其在2015年及以后下降得更为明显,此后趋于相对平衡状态。如表4-3所示。

表 4-3　地级市和县级数字普惠金融使用深度非均衡指数分析

使用深度	区域	2011年	2012年	2013年	2014年	2015年	2016年	2017年	2018年	2019年	2020年
标准差	地级市	0.0613	0.0546	0.0875	0.0908	0.0517	0.0290	0.0369	0.0397	0.0423	0.0500
	县域	NA	NA	NA	0.1277	0.0733	0.0451	0.0489	0.0601	0.0587	0.0579
σ系数	地级市	0.0145	0.0116	0.0175	0.0185	0.0101	0.0054	0.0066	0.0071	0.0075	0.0088
	县域	NA	NA	NA	0.0306	0.0161	0.0096	0.0097	0.0119	0.0115	0.0113
Gini系数	地级市	0.0080	0.0065	0.0099	0.0097	0.0056	0.0030	0.0034	0.0039	0.0041	0.0049
	县域	NA	NA	NA	0.0173	0.0090	0.0054	0.0053	0.0067	0.0065	0.0064

4.3.2.3　数字普惠金融数字化程度的非均衡指数分析

就全国地级市而言,在年度考察范围内,数字化程度的标准差、σ系数和Gini系数波动比较明显,从2014年开始,2015年及

2016 年下降明显,但在 2017 年及以后趋于相对平衡状态。从全国县级区域而言,在年度考察范围内,数字化程度的标准差、σ 系数和 Gini 系数波动比较明显,从 2014 年到 2015 年及 2016 年下降速度较快,但 2017 年及以后下降相对明显,此后趋于相对平衡状态。如表 4-4 所示。

表 4-4 地级市和县级数字普惠金融数字化程度非均衡指数分析

数字化程度	区域	2011年	2012年	2013年	2014年	2015年	2016年	2017年	2018年	2019年	2020年
标准差	地级市	0.3699	0.0904	0.0410	0.0492	0.0169	0.0670	0.0298	0.0153	0.0253	0.0297
	县域	NA	NA	NA	0.5704	0.2212	0.1377	0.0783	0.0397	0.0341	0.0365
σ 系数	地级市	0.1084	0.0200	0.0080	0.0097	0.0031	0.0122	0.0054	0.0027	0.0044	0.0052
	县域	NA	NA	NA	0.2500	0.0586	0.0327	0.0172	0.0084	0.0071	0.0077
Gini 系数	地级市	0.0553	0.0104	0.0041	0.0056	0.0017	0.0069	0.0025	0.0015	0.0025	0.0029
	县域	NA	NA	NA	0.0886	0.0280	0.0175	0.0085	0.0045	0.0039	0.0044

4.3.3 东中西部数字普惠金融各指数的非均衡分析

4.3.3.1 从数字普惠金融总指数及各分项维度的省份区域分布分析

就中部、东部、西部省份区域而言,在年度考察范围内,总指数的标准差、σ 系数和 Gini 系数均呈现波动调整状态,在 2014 年及以后上升明显并趋于相对稳定状态。可以发现,东部省份和全国曲线形状较为相似及数值较为接近,但二者的标准差、σ 系数和 Gini 系数的数值均落在中部和西部省份的上方。由于不同区域省份之间存在动态变化,但横向比较大致出现相同的曲线状态,以此说明国家数字普惠金融政策的实施效果在不同区域和年度出现了相同效果,如表 4-5 和图 4-2 至图 4-4 所示。

表 4-5 全国、中部、东部、西部省份数字普惠金融总指数非均衡指数分析

总指数	区域	2011年	2012年	2013年	2014年	2015年	2016年	2017年	2018年	2019年	2020年
标准差	全国省份	0.1831	0.2198	0.2575	0.2308	0.2256	0.2084	0.2367	0.2929	0.3274	0.3415
	东部省份	0.1615	0.2036	0.2409	0.2373	0.2325	0.2150	0.2421	0.2860	0.3178	0.3278
	中部省份	0.0534	0.0617	0.0832	0.0906	0.0793	0.0672	0.0867	0.1323	0.1571	0.1666
	西部省份	0.0927	0.1186	0.1361	0.1175	0.1041	0.1101	0.1038	0.1200	0.1346	0.1462
σ 系数	全国省份	0.4424	0.2109	0.1579	0.1227	0.0980	0.0870	0.0833	0.0934	0.0968	0.0960
	东部省份	0.2989	0.1698	0.1320	0.1186	0.0969	0.0857	0.0814	0.0867	0.0890	0.0871
	中部省份	0.1601	0.0659	0.0549	0.0512	0.0366	0.0295	0.0322	0.0448	0.0497	0.0504
	西部省份	0.3372	0.1465	0.1008	0.0722	0.0511	0.0507	0.0404	0.0425	0.0442	0.0453
Gini 系数	全国省份	0.2478	0.1181	0.0886	0.0688	0.0545	0.0485	0.0459	0.0523	0.0543	0.0540
	东部省份	0.1485	0.0921	0.0743	0.0653	0.0532	0.0481	0.0462	0.0489	0.0501	0.0492
	中部省份	0.0877	0.0374	0.0304	0.0277	0.0183	0.0162	0.0174	0.0251	0.0278	0.0283
	西部省份	0.1870	0.0792	0.0562	0.0402	0.0285	0.0290	0.0231	0.0241	0.0244	0.0249

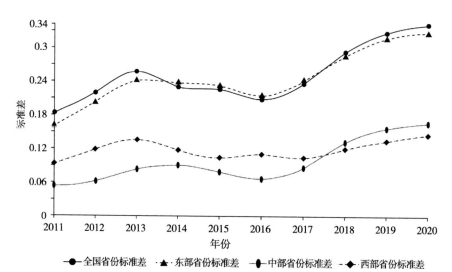

图 4-2 全国、中部、东部、西部省份数字普惠金融总指数非均衡标准差指数分析

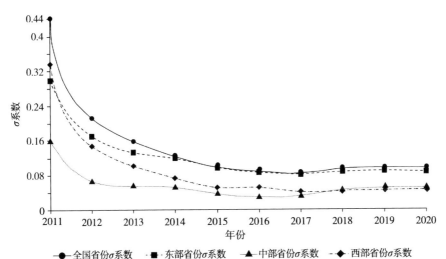

图 4-3　全国、中部、东部、西部省份数字普惠金融总指数非均衡 σ 系数指数分析

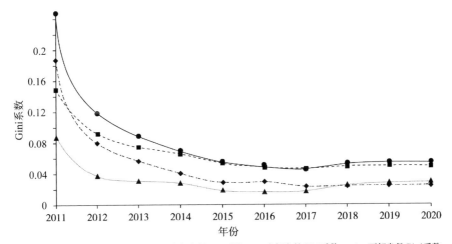

图 4-4　全国、中部、东部、西部省份数字普惠金融总指数非均衡 Gini 系数指数分析

从全国、中部、东部、西部省份区域而言,在年度考察范围内,全国省份、东部省份和西部省份覆盖广度的标准差、σ 系数和 Gini 系数变化相对不明显,但中部省份则呈现稳中有增的发展态势,尤其在 2018 年及以后增加明显,此后趋于相对平衡状态。如表 4-6 所示。

表 4-6　全国、中部、东部、西部省份数字普惠金融覆盖广度非均衡指数分析

覆盖广度	区域	2011年	2012年	2013年	2014年	2015年	2016年	2017年	2018年	2019年	2020年
标准差	全国省份	0.2679	0.2819	0.2765	0.2727	0.2837	0.2692	0.2493	0.2621	0.2904	0.2853
	东部省份	0.2629	0.2791	0.2700	0.2814	0.2858	0.2785	0.2476	0.2649	0.2936	0.2808
	中部省份	0.0998	0.0927	0.0894	0.0968	0.1011	0.0933	0.0936	0.1142	0.1464	0.1618
	西部省份	0.1374	0.1558	0.1501	0.1433	0.1594	0.1343	0.1143	0.0992	0.1142	0.1172
σ系数	全国省份	0.9924	0.3350	0.2157	0.1510	0.1412	0.1217	0.0965	0.0886	0.0904	0.0844
	东部省份	0.5252	0.2651	0.1841	0.1442	0.1307	0.1176	0.0905	0.0858	0.0876	0.0796
	中部省份	0.3933	0.1263	0.0788	0.0594	0.0550	0.0466	0.0394	0.0420	0.0495	0.0519
	西部省份	1.0442	0.2704	0.1506	0.0945	0.0942	0.0703	0.0498	0.0372	0.0394	0.0378
Gini系数	全国省份	0.4215	0.1870	0.1222	0.0853	0.0790	0.0680	0.0534	0.0489	0.0504	0.0473
	东部省份	0.2342	0.1419	0.1018	0.0801	0.0734	0.0665	0.0514	0.0480	0.0487	0.0443
	中部省份	0.2254	0.0716	0.0430	0.0326	0.0306	0.0264	0.0221	0.0234	0.0281	0.0293
	西部省份	0.4270	0.1393	0.0818	0.0528	0.0511	0.0397	0.0279	0.0206	0.0216	0.0206

就全国、中部、东部、西部省份区域而言,在年度考察范围内,使用深度的标准差、σ系数和Gini系数呈现波浪线发展状态,尤其在2018年及以后增加明显,此后趋于相对平衡状态。如表4-7所示。

表 4-7　全国、中部、东部、西部省份数字普惠金融使用深度非均衡指数分析

使用深度	区域	2011年	2012年	2013年	2014年	2015年	2016年	2017年	2018年	2019年	2020年
标准差	全国省份	0.2139	0.3167	0.4125	0.3476	0.3313	0.2689	0.3625	0.4343	0.4846	0.5647
	东部省份	0.1618	0.2574	0.3731	0.3480	0.3219	0.2492	0.3549	0.3841	0.4245	0.5075
	中部省份	0.1338	0.1840	0.1964	0.1785	0.1646	0.1397	0.1903	0.2395	0.2579	0.2917
	西部省份	0.1457	0.2044	0.2179	0.1874	0.1553	0.1337	0.1995	0.2470	0.2712	0.3206

续表

使用深度	区域	2011年	2012年	2013年	2014年	2015年	2016年	2017年	2018年	2019年	2020年
σ系数	全国省份	0.5658	0.2829	0.2309	0.2162	0.1818	0.1217	0.1191	0.1469	0.1504	0.1619
	东部省份	0.2479	0.1723	0.1710	0.1875	0.1571	0.1046	0.1074	0.1164	0.1172	0.1286
	中部省份	0.3536	0.1655	0.1177	0.1190	0.0993	0.0661	0.0664	0.0847	0.0837	0.0890
	西部省份	0.5806	0.2409	0.1539	0.1437	0.1039	0.0689	0.0737	0.0962	0.0976	0.1073
Gini系数	全国省份	0.2582	0.1516	0.1311	0.1236	0.1042	0.0696	0.0677	0.0841	0.0859	0.0927
	东部省份	0.1352	0.0977	0.0979	0.1057	0.0873	0.0588	0.0610	0.0654	0.0658	0.0727
	中部省份	0.1733	0.0901	0.0655	0.0668	0.0549	0.0368	0.0372	0.0482	0.0472	0.0500
	西部省份	0.2553	0.1246	0.0871	0.0807	0.0586	0.0387	0.0416	0.0538	0.0547	0.0602

就全国、中部、东部、西部省份区域而言,在年度考察范围内,数字化程度的标准差、σ系数和 Gini 系数波动比较明显,从 2014 年开始,2015 年及 2016 年下降明显,以 2017 年为界限,在 2017 年前后都较为平缓,但 2018 年及以后下降最为明显。东部省份区域的数字化程度不均衡发展状态明显高于全国、中部和西部省份。如表 4-8 所示。

表 4-8 全国、中部、东部、西部省份数字普惠金融数字化程度非均衡指数分析

数字化程度	区域	2011年	2012年	2013年	2014年	2015年	2016年	2017年	2018年	2019年	2020年
标准差	全国省份	0.1906	0.1626	0.1321	0.1559	0.2131	0.2182	0.0870	0.2094	0.2401	0.2129
	东部省份	0.2051	0.1357	0.1003	0.1055	0.1885	0.1310	0.0760	0.2050	0.2346	0.1899
	中部省份	0.1587	0.1279	0.0837	0.0935	0.1492	0.1101	0.0624	0.1115	0.1294	0.1168
	西部省份	0.1811	0.1716	0.1689	0.1905	0.1959	0.2892	0.1026	0.1285	0.1444	0.1424

续表

数字化程度	区域	2011年	2012年	2013年	2014年	2015年	2016年	2017年	2018年	2019年	2020年
σ系数	全国省份	0.4959	0.1181	0.0545	0.0594	0.0523	0.0646	0.0273	0.0539	0.0595	0.0533
	东部省份	0.6750	0.1078	0.0424	0.0427	0.0467	0.0413	0.0240	0.0508	0.0558	0.0457
	中部省份	0.3350	0.0910	0.0355	0.0354	0.0374	0.0328	0.0195	0.0290	0.0329	0.0295
	西部省份	0.3161	0.1183	0.0691	0.0714	0.0467	0.0844	0.0321	0.0350	0.0380	0.0375
Gini系数	全国省份	0.2280	0.0666	0.0307	0.0329	0.0294	0.0354	0.0153	0.0302	0.0335	0.0301
	东部省份	0.2901	0.0615	0.0235	0.0238	0.0232	0.0231	0.0134	0.0289	0.0315	0.0254
	中部省份	0.1878	0.0462	0.0198	0.0198	0.0201	0.0185	0.0106	0.0165	0.0184	0.0165
	西部省份	0.1832	0.0651	0.0395	0.0401	0.0263	0.0468	0.0177	0.0197	0.0213	0.0212

4.3.3.2 从数字普惠金融总指数及各分项维度的地市区域分布分析

就全国、中部、东部、西部地市区域而言,在年度考察范围内,总指数的标准差、σ系数和Gini系数呈现波浪式发展情形,尤其在2017年及以后上升较为明显,此后趋于相对平衡状态。由于不同地区之间存在动态变化,导致不同地级市数字普惠金融的非均衡发展变化略有差异,整体而言,东部地市的总指数不均衡指数较大,中部地市和西部地市总指数不均衡指数较为接近但都低于东部地市。如表4-9和图4-5至图4-7所示。

表 4-9 全国、中部、东部、西部地市数字普惠金融总指数非均衡指数分析

总指数	区域	2011年	2012年	2013年	2014年	2015年	2016年	2017年	2018年	2019年	2020年
标准差	全国地市	0.1556	0.1870	0.2081	0.1850	0.1925	0.1898	0.2011	0.2242	0.2388	0.2438
	东部地市	0.1384	0.1715	0.1850	0.1966	0.1958	0.1753	0.1915	0.2125	0.2241	0.2331
	中部地市	0.1215	0.1515	0.1684	0.1482	0.1512	0.1480	0.1568	0.1799	0.1833	0.1876
	西部地市	0.1395	0.1601	0.1778	0.1641	0.1612	0.1713	0.1684	0.1682	0.1844	0.1857
σ系数	全国地市	0.3387	0.2215	0.1691	0.1273	0.1114	0.0983	0.0908	0.0969	0.0969	0.0948
	东部地市	0.2309	0.1644	0.1276	0.1268	0.1055	0.0841	0.0805	0.0848	0.0847	0.0855
	中部地市	0.2873	0.2017	0.1505	0.1073	0.0908	0.0782	0.0735	0.0823	0.0760	0.0745
	西部地市	0.3449	0.2051	0.1518	0.1164	0.0980	0.0933	0.0793	0.0760	0.0794	0.0764
Gini系数	全国地市	0.1777	0.1167	0.0917	0.0719	0.0627	0.0545	0.0506	0.0537	0.0549	0.0537
	东部地市	0.1261	0.0937	0.0735	0.0722	0.0605	0.0482	0.0461	0.0485	0.0485	0.0478
	中部地市	0.1453	0.0941	0.0734	0.0585	0.0487	0.0415	0.0382	0.0421	0.0420	0.0411
	西部地市	0.1820	0.1113	0.0842	0.0655	0.0549	0.0507	0.0441	0.0423	0.0443	0.0428

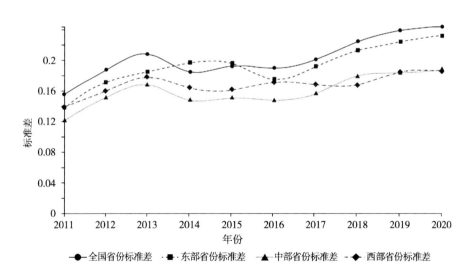

图 4-5 全国、中部、东部、西部地市数字普惠金融总指数非均衡标准差指数分析

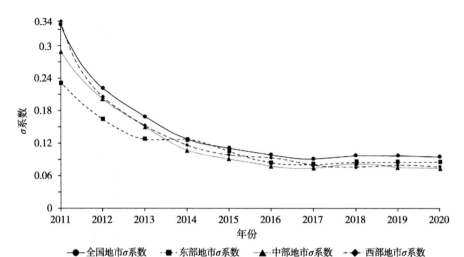

图 4-6　全国、中部、东部、西部地市数字普惠金融总指数非均衡 σ 系数指数分析

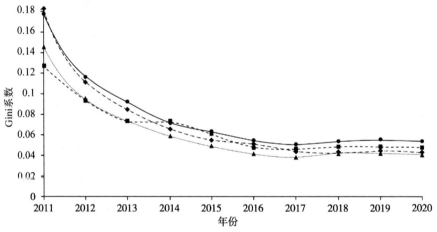

图 4-7　全国、中部、东部、西部地市数字普惠金融总指数非均衡 Gini 系数指数分析

就全国、中部、东部、西部地市区域而言,在年度考察范围内,覆盖广度的标准差、σ 系数和 Gini 系数基本上从区域之间纵向比较或者本区域横向比较都处于相对平衡状态。如表 4-10 所示。

表 4-10 全国、中部、东部、西部地市数字普惠金融覆盖广度非均衡指数分析

覆盖广度	区域	2011年	2012年	2013年	2014年	2015年	2016年	2017年	2018年	2019年	2020年
标准差	全国地市	0.2485	0.2732	0.2657	0.2597	0.2714	0.2795	0.2705	0.2639	0.2743	0.2721
	东部地市	0.2328	0.2524	0.2454	0.2491	0.2569	0.2617	0.2502	0.2495	0.2618	0.2675
	中部地市	0.2020	0.2280	0.2159	0.2112	0.2202	0.2151	0.2164	0.2142	0.2193	0.2184
	西部地市	0.2294	0.2483	0.2406	0.2333	0.2447	0.2586	0.2465	0.2327	0.2415	0.2358
σ系数	全国地市	0.8132	0.3658	0.2659	0.1833	0.1681	0.1600	0.1391	0.1222	0.1153	0.1074
	东部地市	0.4127	0.2483	0.1840	0.1505	0.1382	0.1326	0.1146	0.1052	0.1027	0.1003
	中部地市	0.7306	0.3524	0.2538	0.1618	0.1453	0.1289	0.1215	0.1066	0.0938	0.0876
	西部地市	0.9413	0.3636	0.2593	0.1751	0.1606	0.1573	0.1298	0.1101	0.1060	0.0967
Gini系数	全国地市	0.3052	0.1838	0.1307	0.0988	0.0919	0.0889	0.0762	0.0676	0.0658	0.0613
	东部地市	0.2042	0.1402	0.1055	0.0864	0.0797	0.0760	0.0658	0.0604	0.0589	0.0565
	中部地市	0.2669	0.1554	0.1052	0.0796	0.0738	0.0678	0.0593	0.0537	0.0524	0.0491
	西部地市	0.3520	0.1914	0.1308	0.0946	0.0880	0.0867	0.0728	0.0618	0.0597	0.0545

就全国、中部、东部、西部地市区域而言,在年度考察范围内,使用深度的标准差、σ系数和 Gini 系数呈现倒 U 形发展形态,2016 年为 U 形底部即峰谷。如表 4-11 所示。

表 4-11 全国、中部、东部、西部地市数字普惠金融使用深度非均衡指数分析

使用深度	区域	2011年	2012年	2013年	2014年	2015年	2016年	2017年	2018年	2019年	2020年
标准差	全国地市	0.1792	0.2413	0.2766	0.2412	0.2313	0.1808	0.2280	0.2645	0.2818	0.3107
	东部地市	0.1261	0.1833	0.2216	0.2306	0.2246	0.1740	0.2175	0.2312	0.2377	0.2750
	中部地市	0.1597	0.1984	0.2329	0.1982	0.1746	0.1346	0.1898	0.2164	0.2207	0.2427
	西部地市	0.1654	0.2112	0.2138	0.1875	0.1696	0.1225	0.1560	0.1869	0.2051	0.2231

续表

使用深度	区域	2011年	2012年	2013年	2014年	2015年	2016年	2017年	2018年	2019年	2020年
σ系数	全国地市	0.4838	0.3948	0.2395	0.2074	0.1630	0.0928	0.0949	0.1159	0.1193	0.1287
	东部地市	0.1905	0.1611	0.1440	0.1666	0.1382	0.0833	0.0833	0.0912	0.0902	0.1042
	中部地市	0.4784	0.2858	0.2293	0.1750	0.1265	0.0703	0.0831	0.0990	0.0949	0.1017
	西部地市	0.5272	0.5080	0.2055	0.1883	0.1367	0.0685	0.0692	0.0888	0.0957	0.1026
Gini系数	全国地市	0.1894	0.1437	0.1217	0.1118	0.0908	0.0524	0.0527	0.0645	0.0667	0.0716
	东部地市	0.1058	0.0913	0.0824	0.0936	0.0788	0.0475	0.0471	0.0517	0.0510	0.0559
	中部地市	0.1802	0.1201	0.1019	0.0925	0.0693	0.0396	0.0436	0.0522	0.0520	0.0554
	西部地市	0.2015	0.1454	0.1068	0.0991	0.0749	0.0377	0.0387	0.0494	0.0530	0.0566

就全国、中部、东部、西部地市区域而言,在年度考察范围内,数字化程度的标准差、σ系数和Gini系数波动比较明显,2015年第一次触底,2016年上升,但2017年下降到最低谷,但2018年及以后趋于相对平衡状态。如表4-12所示。

表4-12 全国、中部、东部、西部地市数字普惠金融数字化程度非均衡指数分析

数字化程度	区域	2011年	2012年	2013年	2014年	2015年	2016年	2017年	2018年	2019年	2020年
标准差	全国地市	0.2294	0.2942	0.3276	0.5378	0.2100	0.2533	0.1378	0.1468	0.1578	0.1542
	东部地市	0.1888	0.1428	0.1269	0.2016	0.0793	0.1537	0.0854	0.1366	0.1489	0.1312
	中部地市	0.2239	0.2102	0.2442	0.3794	0.1911	0.2414	0.1449	0.1281	0.1288	0.1371
	西部地市	0.2409	0.4019	0.4674	0.7468	0.2420	0.2996	0.1569	0.1214	0.1203	0.1172
σ系数	全国地市	0.5765	0.2330	0.1839	0.2267	0.0781	0.0946	0.0501	0.0531	0.0554	0.0533
	东部地市	0.4776	0.1509	0.0756	0.1017	0.0331	0.0637	0.0335	0.0471	0.0498	0.0434
	中部地市	0.5579	0.2059	0.1512	0.1881	0.0695	0.0874	0.0538	0.0466	0.0457	0.0479
	西部地市	0.6365	0.2765	0.2557	0.2898	0.0879	0.1117	0.0548	0.0460	0.0441	0.0417

续表

数字化程度	区域	2011年	2012年	2013年	2014年	2015年	2016年	2017年	2018年	2019年	2020年
Gini系数	全国地市	0.2494	0.1267	0.0847	0.1234	0.0394	0.0500	0.0239	0.0289	0.0310	0.0302
	东部地市	0.2384	0.0843	0.0406	0.0465	0.0173	0.0354	0.0180	0.0259	0.0282	0.0248
	中部地市	0.2495	0.1037	0.0726	0.1039	0.0328	0.0438	0.0257	0.0253	0.0253	0.0266
	西部地市	0.2271	0.1559	0.1214	0.1661	0.0462	0.0588	0.0250	0.0241	0.0243	0.0238

4.3.3.3 从数字普惠金融总指数及各分项维度的县域区域分布分析

就全国中部、东部、西部县级区域而言，在年度考察范围（2011—2013 年度数据缺失）内，总指数的标准差、σ 系数和 Gini系数不断下降，尤其在 2016 年及以后下降得更为明显，此后趋于相对平衡状态。从县域层面，这说明数字普惠金融不均衡程度减弱，侧面说明了数字普惠金融政策取得了较好的实施效果。如表4-13 和图 4-8 至图 4-10 所示。

表 4-13 中部、东部、西部县域数字普惠金融总指数非均衡指数分析

总指数	区域	2014年	2015年	2016年	2017年	2018年	2019年	2020年
标准差	全国县域	0.3451	0.2640	0.0815	0.0769	0.0925	0.0871	0.0825
	东部县域	0.2923	0.2274	0.0837	0.0851	0.0982	0.0850	0.0782
	中部县域	0.2854	0.2071	0.0696	0.0658	0.0834	0.0779	0.0729
	西部县域	0.3588	0.2830	0.0727	0.0623	0.0728	0.0714	0.0692
σ 系数	全国县域	0.0942	0.0658	0.0181	0.0165	0.0198	0.0184	0.0174
	东部县域	0.0751	0.0523	0.0184	0.0181	0.0209	0.0178	0.0163
	中部县域	0.0791	0.0521	0.0155	0.0141	0.0180	0.0165	0.0154
	西部县域	0.1003	0.0730	0.0163	0.0135	0.0157	0.0152	0.0147

续表

总指数	区域	2014年	2015年	2016年	2017年	2018年	2019年	2020年
Gini系数	全国县域	0.0507	0.0337	0.0102	0.0093	0.0112	0.0104	0.0099
	东部县域	0.0407	0.0299	0.0105	0.0103	0.0118	0.0102	0.0093
	中部县域	0.0410	0.0258	0.0085	0.0079	0.0099	0.0093	0.0087
	西部县域	0.0552	0.0367	0.0090	0.0074	0.0087	0.0085	0.0082

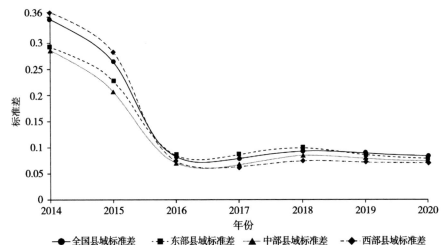

图 4-8　全国、中部、东部、西部县域数字普惠金融总指数非均衡标准差指数分析

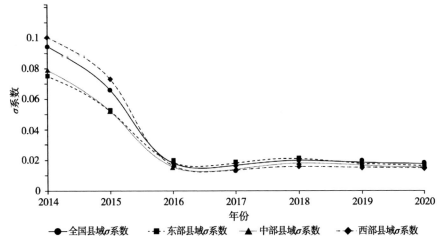

图 4-9　全国、中部、东部、西部县域数字普惠金融总指数非均衡 σ 系数指数分析

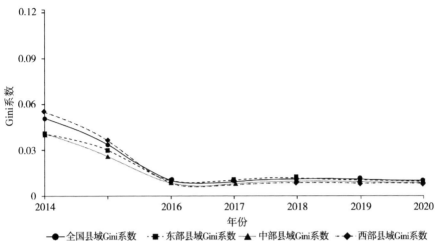

图 4-10　全国、中部、东部、西部县域数字普惠金融总指数非均衡 Gini 系数指数分析

4.3.4　全国区域技术创新水平指数非均衡发展现状

经济发展进程中全国各省份区域技术创新水平同样体现出不均衡的特征,表现为各省之间由于金融资源投入、政府政策扶持、财政支持、产业结构和人力资源水平的差异,导致各省之间差距加大,如表 4-14 和图 4-11 至图 4-13 所示。R&D 支出和专利申请数呈现较为相似的曲线变化态势,而相应的 R&D 人员并没有出现与之相匹配的不均衡状态,说明各省科研人员数量规模相对稳定。自 2012 年以后,科研经费投入和技术成果产出方面呈现良性增长态势,说明区域技术创新已进入健康发展轨道。

表 4-14　全国各省份区域技术创新水平 3 个指标非均衡指数分析

全国省份	指数类型	2011 年	2012 年	2013 年	2014 年	2015 年	2016 年	2017 年	2018 年	2019 年	2020 年
标准差	R&D 支出	3579.1455	2405.5080	2705.3416	3000.2508	3244.1896	3793.9240	4662.1453	5301.8413	6098.2383	6831.1355
	R&D 人员	203.1584	157.4217	169.9646	192.6731	178.7947	199.3503	209.4615	248.1572	253.3351	258.9825
	专利申请数	3033.0806	2054.9738	2351.3022	2613.6895	2831.5831	3301.2560	4042.8662	4615.2155	5324.5444	5958.3251
σ 系数	R&D 支出	1.8189	1.7560	1.7711	1.8123	1.8381	1.8702	1.9329	1.9428	1.9743	1.9891
	R&D 人员	1.0794	0.9370	0.8877	0.9222	0.8557	0.8698	0.8756	0.8838	0.8655	0.8365
	专利申请数	2.1646	2.0804	2.0370	2.0141	2.0267	2.0068	2.0606	2.0703	2.1063	2.0981
Gini 系数	R&D 支出	0.7674	0.7024	0.6990	0.6931	0.6884	0.6930	0.7060	0.6965	0.6953	0.6960
	R&D 人员	0.5317	0.4862	0.4666	0.4784	0.4537	0.4590	0.4637	0.4655	0.4489	0.4399
	专利申请数	0.8348	0.7873	0.7836	0.7800	0.7745	0.7738	0.7853	0.7775	0.7801	0.7800

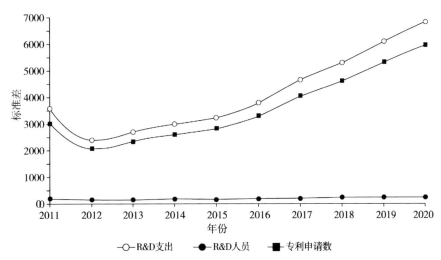

图 4-11　全国各省份区域技术创新水平三个指标非均衡标准差指数分析

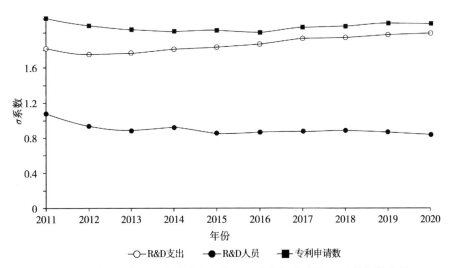

图 4-12　全国各省份区域技术创新水平三个指标非均衡 σ 系数指数分析

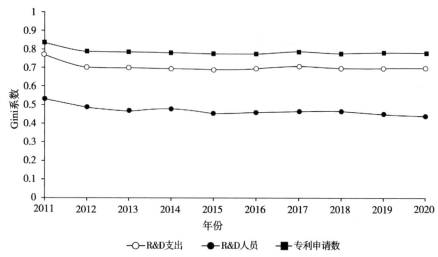

图 4-13　全国各省份区域技术创新水平三个指标非均衡 Gini 系数指数分析

4.4　非均衡发展的 β 收敛性分析

β 收敛分为绝对 β 收敛和条件 β 收敛(郭海红,2021),前者描述的是某指标不同期初水平的区域终将形成共同的稳态水平,条件 β 收敛是在绝对 β 收敛的基础上,增加其他的控制变量,即在控制某些变量的基础上某指标随时间变化能趋于一定稳态水平,这两种收敛也可以应用在基于时间趋势的收敛检验中。马林静 (2015)、李玲(2020)等也分别在生产技术的收敛与水资源分配不均衡方面使用了 β 收敛思想。

4.4.1　非均衡发展的绝对 β 收敛

检验 β 收敛的模型为:

$$\frac{\ln \mathrm{DIFI}_{i,t+T} - \ln \mathrm{DIFI}_{i,t}}{T} = \alpha_{i,t} + \beta \ln \mathrm{DIFI}_{i,t} + \varepsilon_{i,t} \qquad (4\text{-}7)$$

式中：$\mathrm{DIFI}_{i,t}$ 和 $\mathrm{DIFI}_{i,t+T}$ 分别代表期初（2011 年）和期末（2020 年）的数字普惠金融发展水平；对于 T，比如本章关注的数字普惠金融发展水平的时间跨度为 10 年，则取 $T=10$。

若以上模型回归得到的系数 β 显著为负则判断为存在绝对 β 收敛。

引入概念——收敛速度，记为 λ，数字普惠金融的绝对 β 收敛速度 λ 是指初始发展不均衡度较大的地级市追赶后期发展不均衡度较小的地级市的速度，收敛速度用百分比来表示。还有一个直观的观察收敛速度的方法，就是把 λ 转化为半程收敛时间，即减少实际水平与稳态水平之间差距的一半所需使用的年数（以 $\frac{T}{2}$ 表示），计算公式如下：

$$\frac{T}{2} = \frac{\ln 2}{\lambda} \approx \frac{0.69}{\lambda} \qquad (4\text{-}8)$$

比如 5% 的半程收敛时间为 $\frac{T}{2}=13.8$，它的意思是，如果收敛速度保持 5% 不变，则 13.8 年后实际数字普惠金融水平与稳态数字普惠金融水平是当前数字普惠金融实际水平与稳态水平之间差距的一半。

收敛速度 λ 有如下计算公式：

$$\beta = -\frac{(1 - \mathrm{e}^{-\lambda\tau})}{\tau} \qquad (4\text{-}9)$$

式中：β 为 β 收敛方程回归的系数；λ 为收敛速度；$\tau=21$，取时间跨度。

依据公式(4-9)进行数字普惠金融绝对 β 收敛相关指数计算，依次得到表 4-15 至表 4-20 的运行结果。

如表 4-15 至表 4-17 所示，对比相关指标的 β 系数可以发现，即使是全部省份，或者是区分东中西部省份，或者无论是数字普惠金融总指数或者 3 个子维度，其系数在 1% 的显著性水平下都显著为负，这说明各省份数字普惠金融发展水平之间的绝对差距有逐年收窄的态势，包括数字普惠金融发展落后的省份，也在各种条件的作用下正在缩小与数字普惠金融发展较好的省份的差距，而且最终会收敛至同一个稳态水平。

表 4-15 全国所有省份数字普惠金融指数绝对 β 收敛回归结果

指标	全国全部省份			
	总指数	覆盖广度	使用深度	数字化程度
α	6.37 ***	6.05 ***	6.41 ***	5.9 ***
α 标准差	(0.053)	(0.0314)	(0.0821)	(0.0295)
β	−13.15 ***	−11.66 ***	−13.47 ***	−10.49 ***
β 标准差	(0.2473)	(0.1195)	(0.4025)	(0.1389)
收敛速度 λ/%	—	—	—	—
$T/2$ /年	—	—	—	—
Adj-R^2	0.9895	0.9969	0.9739	0.9948
F 值	2829.15 ***	9514.87 ***	1119.16 ***	5697.82 ***
是否收敛	收敛	收敛	收敛	收敛

注：***、**、* 分别表示在 1%、5%、10% 的水平上显著。

表 4-16 东部、中部、西部省份数字普惠金融总指数绝对 β 收敛回归结果

总指数	东部省份	中部省份	西部省份
α	6.6 ***	5.93 ***	6.12 ***

续表

总指数	东部省份	中部省份	西部省份
α 标准差	(0.1049)	(0.2795)	(0.0537)
β	−14.33***	−11.14***	−12.14***
β 标准差	(0.5903)	(1.2736)	(0.227)
收敛速度 λ/%	—	—	—
$T/2$ /年	—	—	—
Adj-R^2	0.9849	0.9042	0.9962
F 值	589.79***	76.52***	2858.65***
是否收敛	收敛	收敛	收敛

注：***、**、* 分别表示在 1%、5%、10% 的水平上显著。

表 4-17　东部、中部、西部省份数字普惠金融 3 个子维度绝对 β 收敛回归结果

指标	东部省份			中部省份			西部省份		
	覆盖广度	使用深度	数字化程度	覆盖广度	使用深度	数字化程度	覆盖广度	使用深度	数字化程度
α	6.27***	6.92***	5.94***	5.81***	6.35***	5.96***	5.93***	6.07***	6.04***
α 标准差	(0.0426)	(0.3303)	(0.0221)	(0.1287)	(0.1257)	(0.0624)	(0.0243)	(0.1008)	(0.0623)
β	−12.69***	−16.15***	−10.52***	−10.83***	−13.25***	−10.74***	−11.29***	−12.16***	−11.33***
β 标准差	(0.2344)	(1.9493)	(0.0923)	(0.5086)	(0.6255)	(0.2991)	(0.0759)	(0.4362)	(0.3277)
收敛速度 λ/%	—	—	—	—	—	—	—	—	—
$T/2$/年	—	—	—	—	—	—	—	—	—
Adj-R^2	0.9969	0.8826	0.9993	0.9826	0.9824	0.9938	0.9995	0.986	0.9909
F 值	2932.5***	68.63***	12993.9***	453.05***	448.55***	1289.4***	22144.3***	777.6***	1194.8***
是否收敛	收敛	收敛	收敛	收敛	收敛	收敛	收敛	收敛	收敛

注：***、**、* 分别表示在 1%、5%、10% 的水平上显著。

如表 4-18 至表 4-20 所示,对比相关指标的 β 系数可以发现,无论是全部地市,还是区分东中西部地市,无论是数字普惠金融总指数还是 3 个子维度,其系数在 1％ 的显著性水平下都显著为负。这说明各地市数字普惠金融发展水平之间的绝对差距有逐年收窄的态势,包括数字普惠金融发展落后的地市,也在各种条件的作用下正在缩小与数字普惠金融发展较好的地市的差距,而且最终会收敛至同一个稳态水平。

表 4-18　全国所有地市数字普惠金融指数绝对 β 收敛回归结果

指标	全国所有地市			
	总指数	覆盖广度	使用深度	数字化程度
α	5.94 ***	5.8 ***	5.76 ***	5.66 ***
α 标准差	(0.0248)	(0.0138)	(0.0217)	(0.0077)
β	−12.86 ***	−11.77 ***	−12.31 ***	−10.72 ***
β 标准差	(0.1504)	(0.0695)	(0.1383)	(0.0432)
收敛速度 λ/％	—	—	—	—
$T/2$/年	—	—	—	—
Adj-R^2	0.956	0.9884	0.9593	0.9946
F 值	7306.57 ***	28691.19 ***	7915.54 ***	61592.49 ***
是否收敛	收敛	收敛	收敛	收敛

注:***、**、* 分别表示在 1％、5％、10％ 的水平上显著。

表 4-19　东部、中部、西部地市数字普惠金融总指数绝对 β 收敛回归结果

总指数	东部地市	中部地市	西部地市
α	5.97 ***	5.77 ***	5.89 ***

续表

总指数	东部地市	中部地市	西部地市
α 标准差	（0.057）	（0.0423）	（0.0304）
β	−12.75 ***	−11.85 ***	−12.69 ***
β 标准差	（0.3882）	（0.2508）	（0.1754）
收敛速度 $\lambda/\%$	—	—	—
$T/2/$年	—	—	—
Adj-R^2	0.9269	0.9445	0.978
F 值	1078.2 ***	2232.08 ***	5235.29 ***
是否收敛	收敛	收敛	收敛

注：***、**、* 分别表示在 1％、5％、10％的水平上显著。

表 4-20　东部、中部、西部地市数字普惠金融 3 个子维度绝对 β 收敛回归结果

指标	东部地市			中部地市			西部地市		
	覆盖广度	使用深度	数字化程度	覆盖广度	使用深度	数字化程度	覆盖广度	使用深度	数字化程度
α	5.92 ***	5.99 ***	5.66 ***	5.74 ***	5.62 ***	5.67 ***	5.77 ***	5.62 ***	5.67 ***
α 标准差	（0.0365）	（0.0855）	（0.0124）	（0.0241）	（0.0284）	（0.0121）	（0.0195）	（0.0273）	（0.0089）
β	−12.2 ***	−13.39 ***	−10.57 ***	−11.52 ***	−11.43 ***	−10.78 ***	−11.69 ***	−11.82 ***	−10.96 ***
β 标准差	（0.2395）	（0.6416）	（0.0654）	（0.1216）	（0.1745）	（0.0675）	（0.0865）	（0.1641）	（0.0533）
收敛速度 $\lambda/\%$	—	—	—	—	—	—	—	—	—
$T/2/$年	—	—	—	—	—	—	—	—	—
Adj-R^2	0.9683	0.8364	0.9968	0.9856	0.9704	0.9949	0.9936	0.9777	0.9972
F 值	2596 ***	435 ***	26133 ***	8980 ***	4290 ***	25555 ***	18269 ***	5183 ***	42358 ***

续表

指标	东部地市			中部地市			西部地市		
	覆盖广度	使用深度	数字化程度	覆盖广度	使用深度	数字化程度	覆盖广度	使用深度	数字化程度
是否收敛	收敛	收敛	收敛	收敛	收敛	收敛	收敛	收敛	收敛

注：***、**、* 分别表示在 1％、5％、10％的水平上显著。

如表 4-21 所示，对比相关指标的 β 系数可以发现，R&D 人员系数在 5％的显著性水平下显著为负，说明各省区域技术创新水平之间的绝对差距有逐年收窄的态势，而且最终会收敛至同一个稳态水平。但 R&D 支出和专利申请数不显著，处于不收敛状态，说明各省之间的技术创新投入和成果产出差距仍在不断扩大，无法发展到相对稳定的状态。

表 4-21　全国各省份区域技术创新水平三个指标指数绝对 β 收敛回归结果

指标	R&D 人员/人	R&D 支出/万元	专利申请数/件
α	11.03 ***	10.46 ***	9.86 ***
α 标准差	(0.7081)	(0.9229)	(1.0235)
β	−20.91 **	0.3	−3.45
β 标准差	(7.7221)	(7.3527)	(8.215)
收敛速度 λ/％	—	—	—
T/2/年			
Adj-R^2	0.4419	−0.0624	−0.0327
F 值	7.33 **	0	0.18
是否收敛	收敛	不收敛	不收敛

4.4.2 非均衡发展的条件 β 收敛

如果研究者仅以样本自身效应为条件进行研究,宜采用固定效应模型,如果欲以样本对总体效应进行推论,则宜采用随机效应模型。所以本章直接采用固定效应模型进行条件 β 收敛的检验。这种新的方法是不需额外加入控制变量的,它最大优点的是可以避开对解释变量的选择问题,避免遗漏解释变量(Miller and Upadhyay,2002)。

模型如下:

$$d(\ln DIFI_{i,t}) = \ln DIFI_{i,t} - \ln DIFI_{i,t-1}$$
$$= \alpha_{i,t} + \beta \ln DIFI_{i,t-1} + \varepsilon_{i,t} \qquad (4\text{-}10)$$

式中:$DIFI_{i,t}$ 表示第 t 年期末第 i 个地区的数字普惠金融水平;$DIFI_{i,t-1}$ 表示第 t 年期初第 i 个地区的数字普惠金融水平。

依据上述公式进行数字普惠金融条件 β 收敛相关指数计算,依次得到表 4-22 至表 4-26 的运行结果。

如表 4-22 至表 4-24 所示,可以发现,无论是全部省份,还是区分东中西部省份,无论是数字普惠金融总指数还是 3 个子维度,其收敛检验的回归结果均显示条件 β 收敛的系数为负,且在 1% 的显著性水平上显著,说明各省均存在条件收敛的特征。以全国所有省份总指数及 3 个子维度为例,其收敛速度分别为0.0937、0.1207、0.0928和0.1544,其半程收敛时间为7.4、5.74、7.47和4.49年。由此可见,在所有省份的条件收敛所需的时间中,总指数及使用深度所需时间相对较长,但覆盖广度所需时间随之减少,数字化程度所需时间最少,这也侧面说明近年来数字技术发展十分迅猛。

表 4-22　全国所有省份数字普惠金融指数条件 β 收敛回归结果

指标	全国所有省份			
	总指数	覆盖广度	使用深度	数字化程度
β	-0.64^{***}	-0.73^{***}	-0.64^{***}	-0.82^{***}
β 标准差	0.0119	0.0083	0.0173	0.0199
收敛速度 $\lambda/\%$	0.0937	0.1207	0.0928	0.1544
$T/2/$年	7.4	5.74	7.47	4.49
R^2	0.0092	0.0097	0.0084	0.0086
时间固定效应	是	是	是	是
省份固定效应	是	是	是	是
F 检验	$F=120.13>$ $F0.05(39,269)$ $=1.44$(拒绝原假设)	$F=84.66>$ $F0.05(39,269)$ $=1.44$(拒绝原假设)	$F=122.81>$ $F0.05(39,269)$ $=1.44$(拒绝原假设)	$F=40.57>F0.05$ $(39,269)=1.44$ (拒绝原假设)
F 值	2920.48^{***}	7829.42^{***}	1371.12^{***}	1677.85^{***}
χ^2 值（Hausman 检验）	3860.92^{***}	-14901.28	1599.29^{***}	1931.32^{***}
Obs	310	310	310	310
是否收敛	收敛	收敛	收敛	收敛

注：***、**、* 分别表示在 1%、5%、10% 的水平上显著。

表 4-23　东部、中部、西部省份数字普惠金融总指数条件 β 收敛回归结果

总指数	东部省份	中部省份	西部省份
β	-0.59^{***}	-0.65^{***}	-0.67^{***}
β 标准差	0.0214	0.0476	0.0271
收敛速度 $\lambda/\%$	0.0818	0.0957	0.0995
$T/2/$年	8.47	7.24	6.97
R^2	0.0091	0.0072	0.0086
时间固定效应	是	是	是

续表

总指数	东部省份	中部省份	西部省份
省份固定效应	是	是	是
F 检验	$F=170.1>$ $F0.05(18,80)=1.73$ （拒绝原假设）	$F=86.76>$ $F0.05(17,71)=1.77$ （拒绝原假设）	$F=64.37>$ $F0.05(20,98)=1.68$ （拒绝原假设）
F 值	770.28***	187.13***	602.44***
χ^2 值（Hausman 检验）	897.14***	214.13***	728.72***
Obs	100	90	120
是否收敛	收敛	收敛	收敛

注：***、**、* 分别表示在 1％、5％、10％的水平上显著。

数字普惠金融发展与区域技术创新水平提升研究

表4-24 东部、中部、西部省份数字普惠金融3个子维度条件 β 收敛回归结果

指标	东部省份			中部省份			西部省份		
	覆盖广度	使用深度	数字化程度	覆盖广度	使用深度	数字化程度	覆盖广度	使用深度	数字化程度
β	−0.58***	−0.58***	−0.83***	−0.68***	−0.67***	−0.81***	−0.79***	−0.67***	−0.95***
β标准差	0.016	0.0632	0.0207	0.0188	0.0333	0.0388	0.0132	0.0272	0.051
收敛速度 λ/%	0.0793	0.0788	0.1614	0.1038	0.1019	0.1521	0.1436	0.0997	0.2682
T/2/年	8.74	8.79	4.3	6.67	6.8	4.56	4.83	6.95	2.58
R^2	0.0094	0.0051	0.0095	0.0095	0.0085	0.0086	0.0097	0.0086	0.0078
时间固定效应	是	是	是	是	是	是	是	是	是
省份固定效应	是	是	是	是	是	是	是	是	是
F检验	$F=57.75>F_{0.05(18,80)}=1.73$(拒绝原假设)	$F=98.1>F_{0.05(18,80)}=1.73$(拒绝原假设)	$F=61.08>F_{0.05(18,80)}=1.73$(拒绝原假设)	$F=123.76>F_{0.05(17,71)}=1.77$(拒绝原假设)	$F=172.16>F_{0.05(17,71)}=1.77$(拒绝原假设)	$F=42.0>F_{0.05(17,71)}=1.77$(拒绝原假设)	$F=76.81>F_{0.05(20,98)}=1.68$(拒绝原假设)	$F=77.57>F_{0.05(20,98)}=1.68$(拒绝原假设)	$F=25.31>F_{0.05(20,98)}=1.68$(拒绝原假设)
F值	1319.1***	84.08***	1615.6***	1313.5***	408.43***	438.03***	3628.3***	598.37***	344.79***
χ^2值(Hausman检验)	1997.1***	93.74***	3073.4***	2126.9***	471.85***	493.27***	−2274.44	724.47***	372.84***
Obs	100	100	100	90	90	90	120	120	120
是否收敛	收敛	收敛	收敛	收敛	收敛	收敛	收敛	收敛	收敛

注：***、**、* 分别表示在 1%、5%、10% 的水平上显著。

如表 4-25 至表 4-26 所示,可以发现,无论是全部地市,还是区分东中西部地市,无论是数字普惠金融总指数还是 3 个子维度,其收敛检验的回归结果均显示条件 β 收敛的系数为负,且在 1% 的显著性水平上显著,说明各地市均存在条件收敛的特征。以全国所有地市总指数及 3 个子维度为例,其收敛速度分别为0.0599、0.0751、0.0865 和 0.1767,其半程收敛时间为 11.57、9.22、8.01 和 3.92 年。由此可见,相比省份的条件收敛所需的时间,地市需要的时间更长,总指数及覆盖广度所需时间相对较长,但使用深度所需时间随之减少,数字化程度所需时间最少,这也说明数字技术在地市层面发展得相对较快。

表 4-25　全国所有地市数字普惠金融指数条件 β 收敛回归结果

指标	全国所有地市			
	总指数	覆盖广度	使用深度	数字化程度
β	-0.48^{***}	-0.56^{***}	-0.61^{***}	-0.86^{***}
β 标准差	0.0147	0.0082	0.0134	0.0101
收敛速度 λ/%	0.0599	0.0751	0.0865	0.1767
$T/2$/年	11.57	9.22	8.01	3.92
R^2	0.0026	0.0061	0.0041	0.0071
时间固定效应	是	是	是	是
省份固定效应	是	是	是	是
F 检验	$F=6.61>F0.05$ (345,3011)=1.14 (拒绝原假设)	$F=8.73>F0.05$ (345,3005)=1.14 (拒绝原假设)	$F=10.39>F0.05$ (345,3009)=1.14 (拒绝原假设)	$F=9.24>F0.05$ (345,3009)=1.14 (拒绝原假设)
F 值	1075.62^{***}	4664.53^{***}	2111.2^{***}	7226.16^{***}
χ^2 值(Hausman 检验)	1171.0^{***}	5072.47^{***}	2317.01^{***}	7820.87^{***}
Obs	3358	3352	3356	3356
是否收敛	收敛	收敛	收敛	收敛

注:***、＊＊、＊分别表示在 1%、5%、10% 的水平上显著。

表4-26 东部、中部、西部地市数字普惠金融总指数及3个子维度条件 β 收敛回归结果

指标	东部地市			中部地市			西部地市		
	覆盖广度	使用深度	数字化程度	覆盖广度	使用深度	数字化程度	覆盖广度	使用深度	数字化程度
β	-0.81***	-0.74***	-0.82***	-0.77***	-0.77***	-0.96***	-0.67***	-0.65***	-0.88***
β标准差	0.0208	0.034	0.0144	0.0203	0.0205	0.0158	0.0057	0.0214	0.0183
收敛速度λ/%	0.1496	0.1239	0.1563	0.133	0.1328	0.302	0.102	0.0945	0.1918
T/2/年	4.63	5.6	4.44	5.21	5.22	2.3	6.8	7.33	3.61
R^2	0.0066	0.0038	0.0081	0.0055	0.0055	0.0076	0.0093	0.0046	0.0069
时间固定效应	是	是	是	是	是	是	是	是	是
省份固定效应	是	是	是	是	是	是	是	是	是
F检验	$F=54.23>$ $F_{0.05}(95,773)$ $=1.27$(拒绝原假设)	$F=56.7>$ $F_{0.05}(95,773)$ $=1.27$(拒绝原假设)	$F=35.61>$ $F_{0.05}(95,773)$ $=1.27$(拒绝原假设)	$F=13.2>$ $F_{0.05}(139,1153)$ $=1.22$(拒绝原假设)	$F=18.07>$ $F_{0.05}(139,1157)$ $=1.22$(拒绝原假设)	$F=13.62>$ $F_{0.05}(139,1157)$ $=1.22$(拒绝原假设)	$F=50.69>$ $F_{0.05}(127,1059)$ $=1.23$(拒绝原假设)	$F=8.41>$ $F_{0.05}(127,1059)$ $=1.23$(拒绝原假设)	$F=5.62>$ $F_{0.05}(127,1059)$ $=1.23$(拒绝原假设)
F值	1501***	478.29***	3245.72***	1431.64***	1398***	3738.3***	14103***	909.23***	2316.7***
χ^2值（Hausman检验）	1497***	498.69***	3601.24***	1448.77***	1483***	4031***	33606***	1003	2486
Obs	870	870	870	1294	1298	1298	1188	1188	1188
是否收敛	收敛	收敛	收敛	收敛	收敛	收敛	收敛	收敛	收敛

注：***、**、*分别表示在1%、5%、10%的水平上显著。

如表 4-27 所示,可以发现,对于全部省份,其收敛检验的回归结果显示 R&D 人员的指标条件 β 收敛的系数均为负,且在 1% 的显著性水平上显著,说明各省存在条件收敛的特征。其收敛速度为 0.0714,其半程收敛时间为 5.51 年。由此可见,在反映各省份区域技术创新水平的 3 个指标中,只有 R&D 人员指标在相应的时间能达到收敛稳态水平,而 R&D 支出(科研经费投入)和专利申请数(技术成果产出)两个指标均无法在短期内达到均衡状态。

表 4-27　全国各省份区域技术创新水平 3 个指标指数条件 β 收敛回归结果

指标	R&D 人员(人)	R&D 支出(万元)	专利申请数(件)
β	-0.75***	0.01	0
β 标准差	0.0714	0.0077	0.007
收敛速度 $\lambda/\%$	0.1258	—	—
$T/2/$年	5.51	—	—
R^2	0.0061	0.0001	0
时间固定效应	是	是	是
省份固定效应	是	是	是
F 检验	F=9.21＞ $F0.05(17,71)=1.77$ (拒绝原假设)	F=2.1＞ $F0.05(17,161)=1.69$ (拒绝原假设)	F=1.53＜ $F0.05(17,251)=1.66$ (不拒绝原假设)
F 值	110.07***	1.88	0.02
χ^2 值(Hausman 检验)	112.87***	0	3.21*
Obs	90	180	270
是否收敛	收敛	不收敛	不收敛

4.5 本章小结

第一,数字普惠金融发展和区域技术创新水平指数均呈现出年度及区域的双向不均衡,表现为年度时间序列横向不均衡,区域东中西部的省份、地市及县域纵向不均衡。

第二,无论省份或地市,无论数字普惠金融总指数或 3 个子维度,其数字普惠金融发展水平之间的绝对差距有逐年变小的态势,且最终会收敛至同一个稳态水平,而对于代表区域技术创新水平的 R&D 人员指标同样可以收敛至同一个稳态水平,但 R&D 支出和专利申请数处于不收敛状态。

第三,无论省份或地市,无论数字普惠金融总指数或 3 个子维度,其收敛检验的回归结果说明各区域均存在条件收敛的特征。但相比省份的条件收敛所需的时间,地市需要的时间更长,同时,各区域均存在条件收敛的特征,地市相比省份的条件收敛所需的时间更长。此外,达成数字普惠金融目标的总指数及 3 个子维度所需时间各不相同,总指数及覆盖广度所需时间相对较长,使用深度所需时间随之减少,但数字化程度所需时间最少。此外,对于代表区域技术创新水平的 R&D 人员指标在相应的时间能达到收敛稳态水平,而 R&D 支出(科研经费投入)和专利申请数(技术成果产出)两个指标无法在短期内达到均衡状态。

5 数字普惠金融与区域技术创新的耦合机制研究

数字普惠金融是数字金融与普惠金融的融合体,也是当代数字经济的重要组成部分。科技创新是民族进步灵魂和国家兴旺发达表征的动力源,而技术创新是科技创新中的重要组成部分,容易遭受融资约束的限制和影响,数字普惠金融能有效解决融资难与融资贵的问题。与此同时,数字普惠金融要长久持续发展,也必须不断创新数字核心技术,以适应新时代数字经济的发展需要。本章重点围绕数字普惠金融与区域技术创新的耦合关系展开研究,同时探讨数字普惠金融的发展与技术创新水平的空间溢出效应问题,厘清二者之间的关系有助于为区域经济高质量发展梳理资金、技术和创新等要素关系。

5.1 数字普惠金融与区域技术创新耦合关系及空间溢出研究现状

数字普惠金融与区域技术创新的耦合关系主要是指两者在一定时空范围内相互促进、协同发展,体现为相互作用机制中的各个要素之间能够契合共生,并得到正向反馈的过程。王洋等人

（2021）研究得到数字普惠金融与创新之间存在耦合关系，且我国大部分地区数字普惠金融与创新发展的耦合协调度处于稳步上升状态。王亮等人（2022）认为同一地区的数字普惠金融与区域创新之间存在双向促进作用。邹新月等人（2021）则得到数字金融与科技创新之间二者存在耦合关系，并且二者协调度的分布呈现东高西低、南高北低的特征。甘敬如（2022）得出科技创新与数字普惠金融之间存在良性和高度耦合关系。

数字普惠金融与区域技术创新存在正向或负向的空间溢出效应。表现为：某个区域数字普惠金融通过资金融通、人才交流、扩大需求等方式带动周边地区区域技术创新发展，或者是落后的区域将先进地区的发展模式结合本地区发展特点，加快区域技术创新发展水平，称为正向空间溢出效应；如若一个区域数字普惠金融发展较好较快，从而出现对周边区域的资金、人才和需求的"虹吸效应"，对周边地区产生一些负面影响，则称为负向空间溢出效应。一些学者对此进行了研究，肖远飞等（2022）认为本地区数字普惠金融可以通过削弱周边地区的自身发展进而对其技术创新能力产生不利影响，即存在负向空间溢出效应，但由于本地区技术创新能力的提升进而对周边地区技术创新能力产生有利影响即存在正向空间溢出效应。王亮等（2022）研究后也发现邻近地区的数字普惠金融发展会抑制本地区的技术创新和经济增长，但邻近地区的技术创新同时也会抑制本地区数字普惠金融发展，二者均产生负向的空间溢出效应。除了研究数字普惠金融对区域技术创新的空间溢出效应外，还有一些学者研究数字普惠金融对区域创新的空间溢出效应，孙玉洁（2021）和陈晓华等（2022）同时认为，数字普惠金融会抑制周边地区的创新水平。

5.2 机理分析与研究假设

5.2.1 数字普惠金融与区域技术创新耦合分析框架

数字普惠金融对区域技术创新水平的发展产生正面影响已经成为一种共识。数字普惠金融借由其数字化程度有效缓解了包括普惠金融在内的传统金融体系所面临的"最后一公里"问题,同时克服了传统金融服务覆盖面不广的困难,为遭受金融排斥的"长尾群体"尤其是中小微企业提供金融服务,此外还进一步拓展了金融服务种类,可以为区域技术创新活动提供具有研发服务特色的金融服务品种,有针对性地解决技术研发中的资金链问题,激发企业技术创新热情,进一步提升区域技术创新水平。随着区域技术创新水平的提高,包括数字技术在内的大数据信息处理技术可以得到进一步发展,以此更新提升金融机构金融服务区域客户全链条的技术水平,优化提高普惠金融服务效率,有助于推动数字普惠金融高质量发展。因此,数字普惠金融发展与区域技术创新水平提升呈现良性循环的闭环运作系统,二者互相促进,互利共赢。

基于以上分析,提出研究假设 H1:数字普惠金融与区域技术创新存在耦合关系。

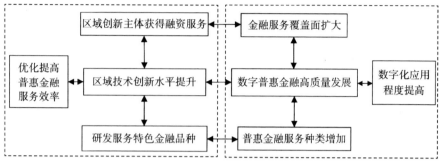

图 5-1　数字普惠金融与区域技术创新耦合关系分析框架

5.2.2　数字普惠金融的空间溢出效应分析框架

数字普惠金融的发展进程可以逐步累积但不连续,一般是以大城市为中心逐步向周边区域城市外溢(徐章星,2021),若本区域数字普惠金融发展较好,带动加速了邻近区域相关产业竞争与发展,促进企业通过技术创新来提高生产效率(白俊红和蒋伏心,2011),那么这种外溢就表现为正向空间溢出效应,体现为外部正效应的经济学现象。若本区域数字普惠金融发展过程中产生虹吸效应,即吸引了周边地区的资本、人才等流入,进而对周边地区的技术创新发展产生抑制作用,那么这种外溢则表现为负向空间溢出效应。由于数字普惠金融更具有区域排他性,以本区域为中心,更容易倾向于蚕食其他区域的资本及人才资源,出现"强者愈强、弱者愈弱"的马太效应,直接表现为外部负效应。

基于上述分析,提出研究假设 H2:数字普惠金融的发展对周边地区的技术创新水平具有负向空间溢出效应。

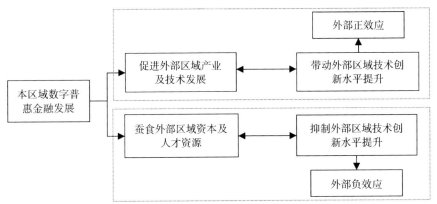

图 5-2　数字普惠金融与区域技术创新的空间溢出效应分析框架

5.3　研究设计

5.3.1　变量选取

被解释变量:区域技术创新水平(RTIL)。本章采用来自马克数据网的各省专利授权量。由于学术界没有对区域技术创新水平的定义标准进行统一,故大部分文献通常将研发投入作为区域技术创新水平的测度指标。然而,研发投入的是"量",它若要转化为创新成果的"质",则具有较大风险,因此使用这类指标来衡量技术创新水平可能存在较大的误差(肖远飞和李易阳,2022;王亮和蒋依铮,2022)。所以,本章选择采用发明、实用新型及外观设计三种指标的专利授权量,并参考白俊红和蒋伏心(2011)的做法,根据难易程度分别赋权 0.5、0.3 和 0.2,以衡量各区域的技术创新水平。

核心解释变量:数字普惠金融指数(DIFI)。本章采用北京大学与蚂蚁金服联合发布的《北京大学数字普惠金融指数》中各省级层面的数据来表示,该指数越高,代表该区域数字普惠金融发展得越好。

控制变量:为了保证模型的估计精准度,选取部分可能对区域技术创新水平造成影响的因素,具体包括:(1)地区经济发展水平(ECO),使用地方国民生产总值表示,经济发展得越好的区域越有资本进行技术创新活动;(2)政府干预程度(GOV),使用政府科技支出与地方 GDP 的比值表示,该比值越大,说明该地区政府越看重技术创新的发展;(3)城市化水平(URB),由于技术创新活动一般都是发生在经济发展较好的地方,即城市化水平越高,技术创新水平相应的应该也会越高,使用城镇人口数占总人口数的比重表示;(4)地区规模(REG),不同地区的人口规模大小可能会对数字普惠金融的发展产生影响,借鉴张秋燕等人(2016)的研究,用各地区年末人口数来表示;(5)人力资源投入(HUM),作为技术创新必不可少的劳动要素投入之一,选用研究与试验发展人员全时当量的对数来表示。模型变量设置如表 5-1 所示。

表 5-1　模型变量设置

变量类型	变量	变量测量
被解释变量	区域技术创新水平(RTIL)	0.5×发明专利授权数＋0.3×实用新型专利授权数＋0.2×外观设计专利授权数赋权
核心解释变量	数字普惠金融指数(DIFI)	各省数字普惠金融指数

续表

变量类型	变量	变量测量
控制变量	地区经济发展水平（ECO）	地方国民生产总值
	政府干预程度（GOV）	政府科技支出与地方GDP的比值
	城市化水平（URB）	城镇人口数占总人口数的比重
	地区规模（REG）	各地区年末人口数
	人力资源投入（HUM）	研究与试验发展人员全时当量

5.3.2　数据来源及描述性统计

考虑到数据的可获得性，研究所取数据为中国除港澳台外31个省2011—2020年的面板数据。数据均来自《中国统计年鉴》、马克数据网与《北京大学数字普惠金融指数报告》。同时，由于数据间可能存在较大差异，为消除极端值和异常值的影响，本章对所有连续变量进行了1%以下和99%以上分位数的缩尾（Winsorize）处理后再取对数。本章研究所使用到的各变量的描述性统计见表5-2。

表 5-2　描述性统计分析

变量	变量符号	样本量	均值	标准差	最小值	最大值
区域技术创新水平	RTIL	310	8.794	1.601	3.890	11.84
数字普惠金融指数	DIFI	310	5.212	0.674	2.936	6.009
地区经济发展水平	ECO	310	9.697	0.991	6.846	11.51
政府干预程度	GOV	310	4.217	1.115	1.486	6.714
城市化水平	URB	310	4.036	0.230	3.267	4.492
地区规模	REG	310	8.129	0.842	5.784	9.404

续表

变量	变量符号	样本量	均值	标准差	最小值	最大值
人力资源投入	HUM	310	11.06	1.364	7.089	13.41

从表 5-2 可以看出,区域技术创新水平的均值为 8.794,标准差为 1.601,且最大值几乎为最小值的 3 倍,说明我国各地区的技术创新水平良莠不齐,存在较大差距。同样,其他变量的最大值与最小值之间也都存在显著差距,说明我国不同地区各方面的发展水平存在较大差距,区域异质性明显。

5.3.3 模型构建

5.3.3.1 有序度模型构建

参考刘湘云等(2018)的研究,假设 S_1 代表数字普惠金融群体,S_2 代表区域技术创新群体。对于任意群体 S_j ,$j \in [1,2]$,设其序参量为 $e_j = (e_{j1}, e_{j2}, \cdots, e_{jn})$,本章采用极差法对原始数据进行标准化处理,公式如下:

$$u(e_{ji}) = \begin{cases} \dfrac{e_{ji} - e_{\min}}{e_{\max} - e_{\min}}, i \in [1,l] \\ \dfrac{e_{\max} - e_{ji}}{e_{\max} - e_{\min}}, i \in [l+1,n] \end{cases} \tag{5-1}$$

采用线性加权与法集成计算任意群体 S_j 序参量有序度,具体公式为:

$$u_j(e_j) = \sum_{i=1}^{n} w_{ij} \times u_j(e_{ji}) w_{ij} \geqslant 0, \sum_{i=1}^{n} w_{ij} = 1 \tag{5-2}$$

式中,$u_j(e_j) \in [0,1]$ 。即群体 S_j 的有序度数值越接近 0,

代表越无序;越接近1,代表越有序。权重 w_{ij} 则表示 e_{ji} 在 e_j 内的重要程度。

5.3.3.2 耦合协调度模型构建

由于传统的耦合模型只能简单地表示两个系统间影响程度的强弱,且在不同时间序列对比上会出现误导,即当两个不同的群体序参量值较低且逼近时,极有可能会产生两个群体耦合度高的虚假评价。而耦合协调度模型弥补了这一缺陷,可以反映不同系统间协调状态的好坏。因此,本章采用的拟合耦合协调度模型如下:

$$C = \frac{2\sqrt{U_1 U_2}}{U_1 + U_2} \tag{5-3}$$

$$T = \alpha U_1 + \beta U_2 \tag{5-4}$$

$$D = \sqrt{CT} \tag{5-5}$$

其中,C 为数字普惠金融与技术创新水平的耦合度;U_1 表示数字普惠金融的序参量功效值;U_2 表示技术创新水平序参量功效值;T 为数字普惠金融发展与技术创新水平的综合协调指数;α 和 β 为待定权重系数,介于数字普惠金融与技术创新重要程度相同,因此取 $\alpha = \beta = 0.5$;D 为数字普惠金融发展与技术创新水平的耦合协调度。

5.3.3.3 空间权重矩阵设定

我国不同地区的经济发展水平存在明显的差异,相应的不同地区数字普惠金融的发展程度也存在一定的差别,同时该差别引起的空间互动作用极可能对区域技术创新水平产生一定的影响。所以要更好地探究数字普惠金融对区域技术创新水平的影响就必须构建空间计量模型。而构建空间计量模型首先就要设立空间权重矩阵。空间权重矩阵可以反映出个体在空间中的相互依赖关系,常见的类型有邻接矩阵、反距离矩阵、经济特征矩阵以及嵌套矩阵四种。其中,只有嵌套权重矩阵在构建时同时考虑到地理和经济两方面的因素。因此,本章选择构建嵌套权重矩阵,以便更周密地探究数字普惠金融对区域技术创新水平的影响。

$$w = w_d \operatorname{diag}\left(\frac{x_1}{x}, \frac{x_2}{x}, \cdots, \frac{x_n}{x}\right) \tag{5-6}$$

式中:w_d 表示反距离权重矩阵;x 表示考察期内各地区的经济特征值,本章选用 2011—2020 年各地区人均 GDP 的值来衡量。

5.3.3.4 空间计量模型的构建

常见的空间计量模型有空间杜宾模型(SDM)、空间误差模型(SEM)和空间自回归模型(SAR)三种(曹志英,2022),由于无法确定哪种模型拟合程度最优,因此,本章先构建如下空间计量模型,再进行似然比检验、豪斯曼检验和拉格朗日乘数检验,最后根据检验结果选择合适的模型形式。具体模型如下:

$$y = pwy + x\beta + \theta wx + \mu \tag{5-7}$$

$$\mu = \lambda\omega\mu + \varepsilon, \varepsilon \in N[0, \sigma^2 I] \tag{5-8}$$

式中:y 代表区域技术创新水平;x 代表数字普惠金融和一系列控制变量;w 代表空间嵌套权重矩阵;β 代表 x 的相关系数;ρ 和 θ 代表空间相关系数;λ 代表空间误差系数;μ 和 ε 代表随机误差。

5.4　实证分析

5.4.1　技术创新群体序参量检验

步骤 1：因子分析使用度检验。对技术创新群体参量指标进行因子分析前，需要检验数据是否可以进行因子分析。表 5-3 为进行皮尔逊相关分析的结果，可以看出变量间的相关系数都比较显著，且基本都高于 0.9，说明这些变量适合做因子分析，可以从中提取公共因子。

表 5-3　皮尔逊相关性分析

相关性系数	2011	2012	2013	2014	2015	2016	2017	2018	2019	2020
2011	1	0.996**	0.993**	0.986**	0.984**	0.973**	0.948**	0.936**	0.928**	0.950**
2012	0.996**	1	0.995**	0.984**	0.980**	0.965**	0.930**	0.917**	0.905**	0.931**
2013	0.993**	0.995**	1	0.995**	0.993**	0.981**	0.949**	0.936**	0.924**	0.943**
2014	0.986**	0.984**	0.995**	1	0.999**	0.994**	0.972**	0.959**	0.949**	0.960**
2015	0.984**	0.980**	0.993**	0.999**	1	0.997**	0.977**	0.966**	0.956**	0.967**
2016	0.973**	0.965**	0.981**	0.994**	0.997**	1	0.988**	0.979**	0.971**	0.977**
2017	0.948**	0.930**	0.949**	0.972**	0.977**	0.988**	1	0.997**	0.995**	0.992**
2018	0.936**	0.917**	0.936**	0.959**	0.966**	0.979**	0.997**	1	0.999**	0.995**
2019	0.928**	0.905**	0.924**	0.949**	0.956**	0.971**	0.995**	0.999**	1	0.995**
2020	0.950**	0.931**	0.943**	0.960**	0.967**	0.977**	0.992**	0.995**	0.995**	1

注：***、**、* 分别表示在 1%、5%、10% 的水平上显著。

同时，对技术创新数据进行抽样适合性和巴特利特检验，结果见表 5-4,表中显示,该检验的 KMO 值达到 0.856,显著大于 0.6,同样表明也可以做因子分析。

表 5-4　抽样适合性和巴特利特检验

抽样适合性检验	取样适切性量数	0.856
巴特利特球形度检验	上次读取的卡方	1415.45
	自由度	45
	显著性	0.000

步骤 2:公因子提取。对变量进行公因子方差提取,结果显示,所有变量的变量共同度初始值都为 1,说明该模型解释了每一个变量的所有方差。同时,各变量提取的公因子方差都大于 0.9,说明变量丢失的信息较少,因此本次因子分析的效果比较理想。

步骤 3:因子提取结果分析。用主成分分析法计算出所有公因子的方差百分比,其中第一个就解释了 97.22% 的所有变量信息,前两个合计更是达到了 99.59%,几乎包括了所有变量的信息。且从成分矩阵中得出,所有变量与第一个因子的相关度都高达 0.9以上,说明可以继续进行分析。

步骤 4:序参量分析结果。根据因子得分系数矩阵,可得以下计算序参量的公式 x,再结合模型(1)计算得序参量见表 5-5。

$$x = 0.101x_1 + 0.1x_2 + 0.101x_3 + 0.102x_4 + 0.102x_5 + 0.103x_6 + 0.102x_7 + 0.101x_8 + 0.1x_9 + 0.101x_{10} \tag{5-9}$$

表 5-5　技术创新群体序参量分析结果

地区	序参量	地区	序参量	地区	序参量	地区	序参量
北京	0.38	上海	0.26	湖北	0.17	云南	0.04
天津	0.13	江苏	0.87	湖南	0.13	西藏	0.00
河北	0.12	浙江	0.73	广东	1.00	陕西	0.12

续表

地区	序参量	地区	序参量	地区	序参量	地区	序参量
山西	0.04	安徽	0.22	广西	0.05	甘肃	0.03
内蒙古	0.02	福建	0.21	海南	0.01	青海	0.00
辽宁	0.10	江西	0.10	重庆	0.12	宁夏	0.01
吉林	0.04	山东	0.38	四川	0.21	新疆	0.02
黑龙江	0.07	河南	0.18	贵州	0.05		

5.4.2　数字普惠金融群体序参量检验

步骤1:因子分析检验。用相似的流程计算数字普惠金融群体的序参量。首先检验数据是否可以进行因子分析。表5-6为进行皮尔逊相关分析的结果,检验结果表明变量间的相关系数在0.9以上,且在1%的水平上显著,说明可以进行因子分析。

表5-6　皮尔逊相关性分析

相关性系数	2011	2012	2013	2014	2015	2016	2017	2018	2019	2020
2011	1	0.983**	0.970**	0.961**	0.966**	0.957**	0.958**	0.945**	0.944**	0.939**
2012	0.983**	1	0.988**	0.983**	0.974**	0.974**	0.970**	0.951**	0.951**	0.947**
2013	0.970**	0.988**	1	0.989**	0.981**	0.977**	0.978**	0.959**	0.961**	0.956**
2014	0.961**	0.983**	0.989**	1	0.984**	0.984**	0.978**	0.959**	0.960**	0.954**
2015	0.966**	0.974**	0.981**	0.984**	1	0.972**	0.968**	0.944**	0.939**	0.931**
2016	0.957**	0.974**	0.977**	0.984**	0.972**	1	0.985**	0.965**	0.964**	0.957**
2017	0.958**	0.970**	0.978**	0.978**	0.968**	0.985**	1	0.992**	0.989**	0.985**
2018	0.945**	0.951**	0.959**	0.959**	0.944**	0.965**	0.992**	1	0.997**	0.994**
2019	0.944**	0.951**	0.961**	0.960**	0.939**	0.964**	0.989**	0.997**	1	0.998**
2020	0.939**	0.947**	0.956**	0.954**	0.931**	0.957**	0.985**	0.994**	0.998**	1

注:**在置信度(双测)为0.01时,相关性是显著的;***、**、*分别表示在1%、5%、10%的水平上显著。

同时再对数据进行抽样适合性和巴特利特检验,结果见表 5-7,表中显示,该检验的 KMO 值达到 0.863,显著大于 0.6,同样表明也可以做因子分析。

表 5-7　抽样适合性和巴特利特检验

抽样适合性检验	取样适切性量数	0.863
巴特利特球形度检验	上次读取的卡方	998.77
	自由度	45
	显著性	0.000

注:提取方法为主成分分析法。

步骤 2:公因子提取。因为所有的变量共同度初始值都为 1,且各变量提取的公因子方差都大于 0.9,说明变量提取的信息较多,因此本次因子分析的效果比较理想。

步骤 3:因子提取结果分析。用主成分分析法得出所有公因子的总方差解释。其中,第一个因子所能解释的变量信息达到了 97.12%,加上第二个后更是达到了 98.73%,几乎提取了所有变量的信息。再从成分矩阵中可以看出,所有变量与第一个因子的相关度都高达 0.9 以上,说明变量与提取因子间高度相关,可继续分析。

步骤 4:序参量分析结果。根据因子得分系数矩阵,可得以下计算序参量的公式 y,结合模型(1)计算得到的序参量见表 5-8。

$$y = 0.101y_1 + 0.102y_2 + 0.102y_3 + 0.102y_4 + 0.101y_5 +$$

$$0.102y_6 + 0.102y_7 + 0.101y_8 + 0.101y_9 + 0.101y_{10} \quad (5\text{-}9)$$

表 5-8　数字普惠金融群体序参量分析结果

地区	序参量	地区	序参量	地区	序参量	地区	序参量
北京	0.95	上海	1.00	湖北	0.45	云南	0.18

续表

地区	序参量	地区	序参量	地区	序参量	地区	序参量
天津	0.53	江苏	0.63	湖南	0.24	西藏	0.04
河北	0.19	浙江	0.85	广东	0.63	陕西	0.32
山西	0.23	安徽	0.34	广西	0.23	甘肃	0.07
内蒙古	0.20	福建	0.63	海南	0.39	青海	0.00
辽宁	0.33	江西	0.28	重庆	0.37	宁夏	0.16
吉林	0.15	山东	0.36	四川	0.30	新疆	0.13
黑龙江	0.17	河南	0.25	贵州	0.08		

5.4.3　耦合协调度检验

　　学界对于耦合协调度的划分并无统一的标准,因此本章参考朱建华等(2019)的研究结论以及廖重斌(1999)的分布函数,并考虑研究对象的特征,将其划分为六类:大于 0 小于 0.3 为极低耦合,表明变量间基本不存在协调关系;大于等于 0.3 小于 0.4 为低度耦合,表明变量间失调程度较小,存在较小的关系;大于等于 0.4 小于 0.5 为初级耦合,表明变量间存在耦合协调的关系但濒临失调;大于等于 0.5 小于 0.6 为中度耦合,表明变量间存在耦合关系,但协调程度一般;大于等于 0.6 小于 0.7 为高度耦合,表明变量的协调程度较好;大于等于 0.7 小于 1 为极度耦合,表明两变量的关系极度亲密,分开可能会造成较大损失。

　　上述计算得到的两个序参量分别为 U_1、U_2,将之代入式(5-3)~(5-5)中可以计算出各地区的耦合协调度,整理结果如表5-9所示。从中可以看出,我国辽宁、河南、湖南、重庆等16个省的耦合协调度均值在初级耦合及之上,说明两变量在整体上存在耦合关系。但内蒙古、吉林、海南等区域仍然处于极低耦合协调状态,达到高度及以上耦合协调状态的区域仅有 6 个,且协调度较高的省份主要集中在我国的东部较发达地区。该结果表明,数字普惠金融发展成果与区域技术创新水平的耦合协调关系在我国还处于初级发展阶段,即数字普惠金融提供的绝大部分服务均不属于技术创新,而技术创新的成果中也存在部分无法推动数字普惠金融发展的情况,同时各地区经济的发展会对两变量的耦合协调度产生一定的影响,经济较为发达的地区数字普惠金融与技术创新的耦合协调度也会较高。可能是由于经济发达的地区竞争力也会较大,因此各主体只能通过不断创新以提高自身的竞争力,也因此数字普惠金融提供的金融服务更多地流向技术创新活动,因此提高了两变量的耦合协调度。

表 5-9　数字普惠金融与区域技术创新耦合协调度

耦合协调度	地区	数量
极低耦合	内蒙古、吉林、海南、贵州、云南、西藏、甘肃、青海、宁夏、新疆	10
低度耦合	河北、山西、黑龙江、江西、广西	5
初级耦合	辽宁、河南、湖南、重庆、四川、陕西	6
中度耦合	天津、安徽、福建、湖北	4
高度耦合	北京、上海、山东	3
极度耦合	江苏、浙江、广东	3

5.5　空间相关性检验

空间相关性,是指不同区域的事物和现象之间在空间上的内在关系,是事物和现象本身固有的空间经济属性。考虑到数字普惠金融和区域技术创新水平在不同区域可能存在相关性,本章选用莫兰指数(Moran's I)对此进行检验。

5.5.1 全局莫兰指数

首先,通过计算 2011—2020 年 10 年间 31 个省份的数字普惠金融发展水平以及技术创新水平的全局莫兰指数,检验两变量是否存在空间自相关关系。其中,全局莫兰指数为正表示变量存在着正向空间相关性,为负则表示存在负向的空间相关性(黎翠梅和周莹,2021)。表 5-10 显示,10 年间,数字普惠金融的莫兰指数波动幅度较小,而区域技术创新的指数变动幅度较大,且呈下降趋势,但数值都为正,且至少在 5% 的水平上显著,表明区域技术创新水平及数字普惠金融都具有显著的空间正相关的特征。因此,选择空间计量模型是合适的。

表 5-10　2011—2020 年各区域技术创新和数字普惠金融 Moran's I 指数检验结果

年份	区域技术创新水平(RTIL)			数字普惠金融指数(DIFI)		
	Moran's I	z 值	p 值	Moran's I	z 值	p 值
2011	0.101	2.695	0.004 ***	0.224	4.834	0.000 ***
2012	0.103	2.744	0.003 ***	0.250	5.366	0.000 ***
2013	0.100	2.650	0.004 ***	0.233	5.059	0.000 ***
2014	0.094	2.487	0.006 ***	0.243	5.250	0.000 ***
2015	0.088	2.377	0.009 ***	0.201	4.453	0.000 ***
2016	0.085	2.310	0.010 ***	0.228	4.983	0.000 ***
2017	0.055	1.768	0.038 **	0.224	4.912	0.000 ***
2018	0.052	1.726	0.042 **	0.236	5.103	0.000 ***
2019	0.045	1.618	0.053 *	0.248	5.327	0.000 ***
2020	0.056	1.807	0.035 **	0.254	5.437	0.000 ***

注:***、**、* 分别表示在 1%、5%、10% 的水平上显著。

5.5.2 局部莫兰指数

为更好地研究剔除时间影响后同一区域内变量是否存在空间相关性,本章特选择 2011 年和 2020 年的技术创新水平和数字普惠金融的局域莫兰散点图进行绘制,如图 5-3 至图 5-6 所示,其中数字 1~31 表示我国 31 个省级区域。可以看出,各省份技术创新水平及数字普惠金融水平的莫兰指数所对应的点大多分布在对应的象限,表明两个变量在宏观上显露出聚拢的态势,且各省份在局部空间上呈现出较强的正向促进效果,与全局分析结果类似。因此,综上研究,为了得到较为精确的估计结果,应将空间因素计入考虑范围,即应当选择空间计量模型进行拟合。

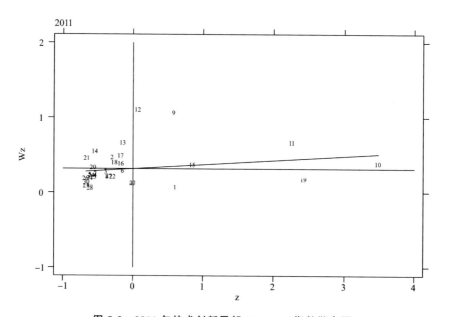

图 5-3 2011 年技术创新局部 Moran's I 指数散点图

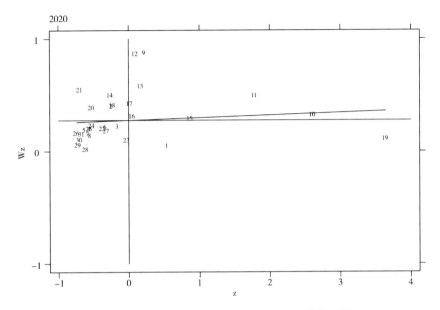

图 5-4　2020 年技术创新局部 Moran's I 指数散点图

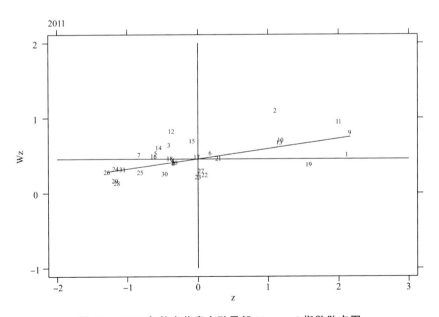

图 5-5　2011 年数字普惠金融局部 Moran's I 指数散点图

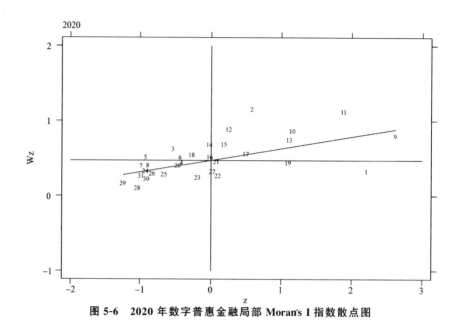

图 5-6　2020 年数字普惠金融局部 Moran's I 指数散点图

5.5.3　空间计量模型的选择

由上述分析可知,数字普惠金融及技术创新在不同区域间均存在较为显著的相关性。因此,为了更准确地测度数字普惠金融对技术创新水平的影响方向和大小,本章选择建立空间计量模型。但由于空间计量模型不止一种,因此若要选择最合适的模型进行拟合,需要通过以下几步:

步骤 1:LM 检验。据表 5-11 可知,5 个检验结果中有 4 个的 p 值均在 0.1% 的水平上显著,因此可以粗略地认为该检验拒绝原假设,认为本章所选样本具有空间滞后和空间误差自相关双重效应。且在三种一般空间计量模型形式中只有空间杜宾模型同时考虑这两种效应,因此初步判断选择空间杜宾模型(SDM)进行拟合。

表 5-11　LM 检验

模型	空间自相关检验	统计值	p 值
空间误差模型	莫兰指数	11.39	0.000 ***
	拉格朗日乘数	104.42	0.000 ***
	拉格朗日乘数稳健性	83.69	0.000 ***
空间滞后模型	拉格朗日乘数	21.02	0.000 ***
	拉格朗日乘数稳健性	0.29	0.590

注：***、**、* 分别表示在 1％、5％、10％的水平上显著。

步骤 2：模型对比。本章分别对 SAR 模型、SEM 模型、SDM 模型均进行了豪斯曼检验。根据表 5-12 所示，三种模型的 p 值均为 0，即该检验结果在 0.1％的水平上显著，均拒绝原假设，选择固定效应模型进行拟合。但在三种模型中，空间杜宾模型的特异误差最小，所以拟合固定效应空间杜宾模型是最优选择。

表 5-12　Hausman 检验

指标	空间杜宾模型	空间误差模型	空间自回归模型
特异误差	0.0299 ***	0.0308 ***	0.0322 ***
卡方值	92.88	43.00	60.81
p 值	0.000 ***	0.000 ***	0.000 ***

注：***、**、* 分别表示在 0.1％、1％、5％水平上显著。

步骤 3：LR 检验。在上述两种检验中确定拟合空间杜宾固定效应模型后，再对模型进行似然比检验，观察该空间杜宾模型能否简化为空间自回归或空间误差模型。分别将 SDM 模型和 SEM 模型、SAR 模型的似然比检验结果进行对比，结果见表 5-13，表中显示，两个 p 值均为 0，即两次模型检验结果的对比均在 0.1％的显著性水平上拒绝了原假设，认为空间杜宾模型不可简化为空间自回归模型或是空间误差模型。综上，本章选择空间杜宾的固定效应模型来探究数字普惠金融的空间溢出效应。

表 5-13　LR 检验

似然比检验	空间误差模型	空间自回归模型
卡方值	42.23	42.24
p 值	0.000 ***	0.000 ***

注：***、**、* 分别表示在 1%、5%、10% 的水平上显著。

5.5.4　空间杜宾模型回归结果分析

本章利用 Stata 对模型(7)进行空间计量回归,结果如表 5-14 所示。其中,第(1)列为变量对本地区的影响系数,第(2)列为变量对其他地区的空间溢出系数。从表中可以看出,该模型的拟合度为 0.896,表示该模型拟合程度较好。数字普惠金融的影响系数为 0.353,且在 0.1% 的水平上显著。该系数的含义为:在同一区域内,数字普惠金融发展指数每提升 1 个单位,会相应带动技术创新水平提高 0.353 个单位。而跨区域的空间溢出系数为 -0.33,同时在 1% 的水平上显著,表明在排除外在干扰的前提下,本区域数字普惠金融发展水平越高,越会抑制周边区域技术创新水平的提升。这可能是因为本区域的数字普惠金融水平越高,越容易吸引周边区域的资金或人才等资源流入,从而导致其他区域无法很好地提升技术创新水平。前文假设 H2 成立。

控制变量政府干预程度(GOV)的空间系数为 -0.865,且在 1% 的水平上显著,说明政府干预程度虽然有利于本地区技术创新水平的发展但对与其具有相似经济特征地区的技术创新水平则具有明显的抑制作用。城市化水平(URB)的影响系数虽然未通过检验,但空间溢出系数在 5% 的水平显著,说明城市化水平有益于周边地区技术创新水平的发展;而其余控制变量的空间溢出系数均未通过显著性检验,说明空间溢出效应不够显著。

表 5-14 空间杜宾固定模型回归结果

变量	(1) 影响系数	(2) 空间溢出系数
数字普惠金融指数(DIFI)	0.353*** (0.00)	−0.330** (0.03)
地区经济发展水平(ECO)	0.507** (0.04)	0.217 (0.69)
政府干预程度(GOV)	0.138*** (0.01)	−0.865** (0.03)
城市化水平(URB)	0.651 (0.11)	2.823* (0.06)
地区规模(REG)	1.001* (0.06)	−0.478 (0.87)
人力资源投入(HUM)	−0.014 (0.88)	0.164 (0.58)
空间自回归系数(RHO)	0.663***	
个体效应的特异误差(sigma2_e)	0.026***	
拟合度(R-squared)	0.896	0.896

注:***、**、* 分别表示在1%、5%、10%的水平上显著,括号内为标准误,括号内为标准误。

由于数字普惠金融存在空间溢出效应,因此模型回归得出的系数不能再简单地解释为数字普惠金融对区域技术创新的边际影响效应,而是要对上述结果进行空间效应分解,这样才能更切实地解释数字普惠金融的影响效应。从表 5-15 的结果中可以看出,数字普惠金融对区域技术创新水平的直接影响效应为正,间接效应为负,但后者并没有通过显著性检验,应当是数字普惠金融的间接效应没有直接效应明显。虽然间接效应不够显著,但对与其具有相似经济特征地区,数字普惠金融的发展对技术创新的抑制作用是客观存在的。因此,如果在衡量数字普惠金融发展对区域技术创新的贡献时忽略空间溢出的影响,则无法得出准确结论。

在控制变量中,只有城市化水平对区域技术创新的间接效应通过检验,说明城市化水平的提升对周边地区间接影响显著;而其他控制变量的间接效应均未通过显著性检验,说明对具有相似经济特征地区的技术创新水平的空间溢出效应都没有直接效应显著。

表 5-15　空间效应分解

变量	（1）直接效应	（2）间接效应	（3）总效应
数字普惠金融指数（DIFI）	0.349**	−0.292	0.0575
地区经济发展水平（ECO）	0.539*	1.564	2.103
政府干预程度（GOV）	0.0843	−2.176	−2.091
城市化水平（URB）	0.896*	9.498*	10.39*
地区规模（REG）	1.032*	0.431	1.463
人力资源投入（HUM）	−0.00264	0.378	0.376

注:***、**、*分别表示在1%、5%、10%的水平上显著。

5.6　稳健性检验

在进行多变量模型分析时,有一个必须考虑到的问题,即内生性问题。该问题的产生极有可能对研究结论产生一定的干扰。为了确保实证结果可靠,必须进行稳健性检验。该检验具有多种方法,本章选择最常见的替换变量法。考虑到区域技术创新与数字普惠金融两者间可能存在互为因果和遗留变量等内生性问题,这里用专利申请数替换专利授权数以测度区域技术创新水平,估计结果如表 5-16 和表 5-17 所示。

表 5-16 结果与上述结论无明显区别,只有四川省由初级耦合上升为中度耦合,其他省份均未产生变化。这说明我国数字普惠金融发展与区域技术创新水平存在耦合协调关系,但耦合协调仍处于初级发展阶段,有待提高。

表 5-16 数字普惠金融与区域技术创新耦合协调度

耦合协调度	地区	数量
极低耦合	内蒙古、吉林、海南、贵州、云南、西藏、甘肃、青海、宁夏、新疆	10
低度耦合	河北、山西、黑龙江、江西、广西	5
初级耦合	辽宁、河南、湖南、重庆、陕西	5
中度耦合	天津、安徽、福建、湖北、四川	5
高度耦合	北京、上海、山东	3
极度耦合	江苏、浙江、广东	3

表 5-17 中显示,数字普惠金融对本区域技术创新水平的影响效应系数为正,对周边区域的溢出效应则为负,且都显著成立。与上文回归分析一致,说明数字普惠金融对周边区域技术创新水平存在负面空间溢出效应。这表明被解释变量替换后,回归结果并没有较大差距,数字普惠金融对区域技术创新水平仍然具有显著的促进作用。因而可知,本章的实证研究结果具有稳健性和可靠性。

表 5-17 空间杜宾固定模型回归结果

变量	(1)	(2)
	影响系数	空间溢出系数
数字普惠金融指数(DIFI)	0.423***	−0.320*
	(0.00)	(0.07)

续表

变量	（1）	（2）
	影响系数	空间溢出系数
地区经济发展水平（ECO）	0.487 * (0.09)	0.594 (0.33)
政府干预程度（GOV）	0.222 *** (0.00)	−0.696 (0.13)
城市化水平（URB）	0.944 ** (0.05)	2.919 (0.10)
地区规模（REG）	1.038 * (0.09)	5.348 (0.10)
人力资源投入（HUM）	−0.147 (0.17)	−0.505 (0.12)
空间自回归系数（RHO）	0.133	
个体效应的特异误差（sigma2_e）	0.035 ***	
拟合度（R-squared）	0.935	0.935

注：***、**、* 分别表示在 1％、5％、10％ 的水平上显著，括号内为标准误。

5.7 本章小结

本章以中国剔除了港、澳、台等几个数据不完善的区域后剩下的 31 个省为研究样本，通过计算两个主要研究变量的耦合协调度，以及空间相关性检验，探索 2011—2020 年这 10 年间区域内数字普惠金融与技术创新的关系以及不同区域的空间影响效应。研究结果表明：

第一，我国大部分区域的数字普惠金融发展与技术创新之间存在初级耦合及以上关系，但仍有小部分区域处于极低耦合状态。

第二，某一区域的数字普惠金融的发展对周边地区的技术创新水平具有负向空间溢出效应,即不利于周边地区技术创新水平的发展。

第三,政府的干预程度虽然有利于本地区技术创新水平的发展,但对具有相似经济特征的地区具有抑制作用。城市化水平则相反,不仅有利于本地区技术创新水平提升,还助于提升其他地区的技术创新水平。

6 数字普惠金融对区域技术创新的间接影响实证分析：基于缓解融资约束视角

中国长期致力于经济高质量发展，经济结构问题起到关键作用，金融是国民经济血脉，金融机构就犹如每条毛细血管，即使是贫瘠的地方也要输送到位，以保证经济的全面健康发展。数字普惠金融突破了传统金融的束缚，将数字技术与金融行业进行有机结合，利用数字化技术和在线平台，打破时间和空间局限，保证了数字普惠金融的创新性与适用范围，同时还能够简化融资和交易流程，降低信息不对称的风险，提高融资透明度和便捷性，还可利用智能合约和区块链等技术进一步减少交易成本，提升金融资源利用效率，为区域技术创新乃至经济高质量发展助力。本章以融资约束为中介变量研究数字普惠金融对企业技术创新的影响机制，并进行区域异质性分析。该研究有助于合理化配置金融资源，推广差异化的金融服务，制定适配的数字普惠金融发展战略，以助力提升区域技术创新水平。

6.1 机理分析与研究假设

融资约束在数字普惠金融对区域技术创新水平的影响中发挥

着中介作用。数字普惠金融通过缓解融资约束影响区域技术创新。数字普惠金融从部门资源配置优化、减少融资困难的难题和弥补传统金融的不足等角度促进技术创新,有助于提高企业创新产出。伴随着数字普惠金融的不断推广和使用,其凭借覆盖程度广和交易成本低的优势,优化了信贷资源配置,促进了行业发展,通过合理扩大信贷和优化资金结构形式,增强了金融资源配置能力,为企业拓宽了融资渠道,进而促进了技术创新水平提升。其作用机制如图 6-1 所示。

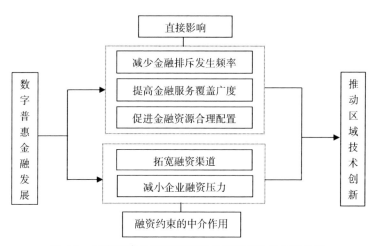

图 6-1 数字普惠金融对区域技术创新水平的作用机制

基于以上分析机理,数字普惠金融具有拓宽金融覆盖面、促进资源合理配置等显著优势,有利于提升区域技术创新水平。就此提出,研究假设 H1:数字普惠金融正向促进区域技术创新水平提升。

数字普惠金融通过降低企业融资成本、缓解企业融资约束和增加企业创新投入等方式促进了企业技术创新,从而有利于企业降低融资约束,减小企业研发投入融资压力,进一步促进企业加大技术创新投入,故提出研究假设 H2:数字普惠金融通过缓解融资约束促进企业技术创新。

由于不同地区的数字普惠金融发展与技术创新水平存在明显差异,故提出研究假设 H3:数字普惠金融对区域技术创新的影响存在异质性。

6.2 变量选取与数据说明

6.2.1 变量选取

6.2.1.1 被解释变量

企业技术创新。根据现有的文献研究,选择用"研发投入强度"作为技术创新的代理变量,同时为减小误差,对其进行对数化处理。因为数字普惠金融主要通过缓解企业的融资约束和降低融资成本来促进企业技术创新,故该作用的具体表现在于企业研发投入的增多。数字普惠金融通过激励技术创新进而促进技术创新,讲而为技术创新提供新的机遇和解决方案。

6.2.1.2 解释变量

数字普惠金融。普惠金融是多维度概念,其发展水平测度需要涉及多个不同指标,北京大学数字普惠金融研究中心结合数字普惠金融发展的新特征,利用蚂蚁金服提供的微观数据,从 3 个维度选取了 33 个指标构建指标体系,全面客观地反映我国数字普惠金融的发展情况。本章选取该指标加以衡量,因数字普惠金融指数的初始数据与其他变量量纲差异较大，为消除量纲问题，本章在数据处理时将原始指数除以 100。

6.2.1.3 中介变量

融资约束。融资约束即由市场不完备（不对称信息、代理成本等）导致企业内部融资成本和外部融资成本存在的差额。融资约束通常使用融资约束指数，如 KZ 指数、WW 指数、SA 指数等表示。鞠晓生等（2013）指出，SA 指数为负且绝对值越大，说明融资约束程度越严重。因此，本章同样采用 SA 指数的绝对值来衡量融资约束。计算公式为：

$$SA = -0.737 \times Size + 0.043 \times Size^2 - 0.04 \times Age \quad (6\text{-}1)$$

其中，Size 表示企业总资产规模的自然对数，Age 表示企业经营年度（观测年度－企业成立时间）。

6.2.1.4 控制变量

（1）城镇化率

城镇化的推进可以促进产业分权和结构调整，推动工人专业化和集聚，显著促进产业结构现代化。各地区城镇化率的差异导致各地区基础设施建设水平的差异，基础设施水平的不同将导致各地交通运输成本、信息与生产要素流动不同，从而对产业结构升级产生影响。本章将使用各省份城镇人口占该省份的总人口来衡量城镇化率。

（2）政府干预程度

产业政策等政府干预手段对我国产业结构转型加以引导和支持，是助力产业结构升级的重要力量。若政府财政支出合理，将促进此地区资源配置优化,助力产业结构优化升级,若财政支出不合理,将造成资源浪费,遏制区域产业结构升级。本章将使用各省份一般公共预算支出占该省份 GDP 的比重来衡量政府干预程度。

（3）对外开放程度

对外开放水平的高低决定了一个地区外商直接投资规模的大小,由此促进各地区间的经济活动交流。拓宽地区对外开放渠道,有助于扩大投资规模,倒逼我国产业结构升级。本章使用各省份进出口总额占该省份 GDP 的比重来衡量对外开放程度。

表 6-1 采用表格形式对研究的变量名称、代表含义以及数据测算方法进行更加直观的表述,以便更好地进行研究,具体内容如表 6-1 所示。

表 6-1　变量名称及其计算方法

变量类别	变量名称	表示符号	计算方法
被解释变量	企业技术创新	RTIL	研发强度（R&D 经费支出占 GDP 的比重）
解释变量	数字普惠金融总指数	DIFI	"北京大学数字普惠金融指数"除以 100
中介变量	融资约束	SA	SA 指数取绝对值
控制变量	城镇化率	URBAN	各省份的城镇常住人口/总人口
	政府干预程度	GOVERN	地方财政一般公共预算支出/地区 GDP
	对外开放程度	OPEN	进出口总额/地区 GDP

6.2.2　数据来源及描述性统计

本章使用我国 2011—2020 年 31 个省、自治区、直辖市的面板数据作为样本,根据相关指标的构建方法进行计算,变量的描述性统计结果如表 6-2 所示,为后文的实证部分提供数据基础。其中,数字普惠金融指数来源于"北京大学数字普惠金融指数"，SA 指数来源于 CSMAR 数据库，其余数据来源于《中国统计年鉴》。

表 6-2　变量的描述性统计

变量	观测数	平均数	标准差	最小值	最大值
企业技术创新（RTIL）	310	1.625	1.066	0.340	6.440
数字普惠金融总指数（DIFI）	310	2.162	0.970	0.162	4.319
融资约束（SA）	310	3.777	0.114	3.394	4.062
城镇化率（URBAN）	310	0.579	0.132	0.230	0.940
政府干预程度（GOVERN）	310	0.297	0.210	0.120	1.354
对外开放程度（OPEN）	310	0.268	0.287	0.008	1.464

6.3　实证分析

6.3.1　模型构建

本章首先分析数字普惠金融对产业结构升级的影响。选取产业结构升级指数作为被解释变量，设置模型如下：

$$\text{RTIL}_{it} = \alpha_0 + \alpha_1 \text{DIFI}_{it} + \alpha_i \sum_{i=2}^{4} \text{control}_{it} + \mu_t + \theta_i + \varepsilon_{it} \quad (6\text{-}2)$$

其中，i 代表省份，t 代表年份，RTIL_{it} 表示企业技术创新指数，DIFI_{it} 表示数字普惠金融指数，control_{it} 表示控制变量。其中控制变量包括城镇化率（URBAN）、政府干预程度（GOVERN）和对外开放程度（OPEN），θ_i 表示省份固定效应，μ_t 表示年份固定效应，ε_{it} 为随机干扰项。

6.3.2　相关性分析

本章利用 Pearson 检验对数字普惠金融(DIFI)和企业技术创新(RTIL)进行相关性分析。结果显示,DIFI 与 RTIL 的系数估计值均为正,初步验证了 DIFI 与 RTIL 之间存在正向相关关系。

表 6-3　变量的相关性分析

变量	RTIL	DIFI	URBAN	GOVERN	OPEN
企业技术创新(RTIL)	1.000				
数字普惠金融总指数(DIFI)	0.503 ***	1.000			
融资约束(SA)	0.686 ***	0.458 ***	1.000		
城镇化率(URBAN)	0.017	−0.110 *	−0.475 ***	1.000	
政府干预程度(GOVERN)	0.668 ***	0.080	0.735 ***	−0.308 ***	1.000

注:***、**、* 分别表示在 1%、5%、10% 的水平上显著。

6.3.3　基准回归分析

为验证 H1,即数字普惠金融对产业结构升级的影响,本章对模型进行固定效应回归,控制省份与年份带来的影响。由表可知,在控制省份效应和年份效应的情况下,模型的 R^2 为 0.867。数字普惠金融指数(DIFI)的回归系数为 0.050,通过了 1% 的显著性检验,说明数字普惠金融正向影响产业结构升级,上述实证结果验证了本章提出的研究假设 H1。

表 6-5　变量的基准回归分析

变量	TS
数字普惠金融总指数(DIFI)	0.050 *** (2.81)

续表

变量	TS
城镇化率（URBAN）	-0.298^{***} (-3.72)
政府干预程度（GOVERN）	0.338^{***} (6.59)
对外开放程度（OPEN）	0.136^{***} (6.76)
常数（Constant）	2.323^{***} (53.56)
观测数	310
R^2	0.867
省份数量	31
个体/时间固定	YES

注：***、* *、* 分别表示在 1%、5%、10% 的水平上显著，括号内为标准误。

6.3.4 中介效应检验

参照温忠麟（2004）提出的逐步回归法构建模型，观察模型中各系数变动情况，判断是否存在中介效应。

$$\mathrm{TS}_{it} = \alpha_0 + \alpha_1 \mathrm{DIFI}_{it} + \mathrm{control}_{it} + \mu_t + \theta_i + \varepsilon_{it} \qquad (6\text{-}3)$$

$$\mathrm{SA}_{it} = \beta_0 + \beta_1 \mathrm{DIFI}_{it} + \mathrm{control}_{it} + \mu_t + \theta_i + \varepsilon_{it} \qquad (6\text{-}4)$$

$$\mathrm{TS}_{it} = \gamma_0 + \gamma_1 \mathrm{DIFI}_{it} + \gamma_2 \mathrm{SA}_{it} + \mathrm{control}_{it} + \mu_t + \theta_i + \varepsilon_{it}$$

$$(6\text{-}5)$$

其中，融资约束指标 SA_{it} 是中介变量，其他变量采用同上文一致的测算方法。预测模型（6-3）系数 α_1 为正，表明总体上数字普惠金融正向促进产业结构升级；预测模型（6-4）系数 β_1 为负，表明数字普惠金融能够缓解融资约束；同时预测模型（6-5）中系数

γ_1 为正,系数 γ_2 为负,表明融资约束是中介变量,即数字普惠金融通过缓解融资约束促进产业结构升级。

为验证假设 H2,接下来将对模型(6-3)、模型(6-4)和模型(6-5)分别进行回归,结果如表 6-6 所示。

表 6-6　中介效应检验

变量	(4)	(5)	(6)
	产业结构升级（TS）	融资约束（SA）	产业结构升级（TS）
数字普惠金融总指数(DIFI)	0.050*** (2.81)	−0.095*** (−3.52)	0.037** (2.10)
融资约束(SA)			−0.130*** (−3.30)
城镇化率(URBAN)	−0.298*** (−3.72)	0.018 (0.14)	−0.295*** (−3.76)
政府干预程度(GOVERN)	0.338*** (6.59)	−0.051 (−0.64)	0.331*** (6.58)
对外开放程度(OPEN)	0.136*** (6.76)	−0.040 (−1.29)	0.131*** (6.60)
常数(Constant)	2.323*** (53.56)	3.678*** (55.24)	2.799*** (18.61)
观测数	310	310	310
R^2	0.867	0.921	0.872
省份数量	31	31	31
个体/时间固定	YES	YES	YES

注:***、**、*分别表示在1%、5%、10%的水平上显著,括号内为标准误。

由模型(6-3)发现,数字普惠金融(DIFI)对产业结构升级(TS)的回归系数为0.050,且在1%水平下显著,表明数字普惠金融促进产业结构升级;由模型(6-4)可见,数字普惠金融(DIFI)对融资约束(SA)的回归系数为−0.095,且在1%水平下显著,表明数字普惠金融能有效缓解融资约束;由模型(6-5)发现,融资约束(SA)对产业结构升级(TS)的回归系数为-0.130,说明缓解融资约束可以促进产业结构升级。由于数字普惠金融(DIFI)与融资约束(SA)均已通过检验,表明 SA 存在部分的中介效应,即数字普惠金融会影响产业结构升级,并且它可以通过缓解融资约束这一途径正向影响产业结构升级。此外还可以说明,缓解融资约束是产业结构升级的路径,且中介效应($\beta_1\gamma_2$)占总效应(α_1)的比例为24.70%,进一步论证了本章提出的研究假设 H2。

6.4 稳健性检验

采用工具变量法进行模型的稳健性检验,鉴于本章在模型设计的过程中可能会存在解释变量与被解释变量互为因果的情况,参照苏任刚(2020)的做法,选择解释变量的滞后一期作为工具变量,解决模型的内生性问题。首先展开弱工具变量检验,结果表明,Cragg-Donald Wald F 统计量为1914.710,大于10%maximal IV size 对应的临界值16.38,即拒绝原假设,这意味着数字普惠金融(DIFI)的工具变量是有效的。其次展开不可识别检验,Anderson LM 统计量为244.968 且在1%的水平上显著,即拒绝原假设,说明通过不可识别检验。

表6-7 工具变量法的稳健性检验

变量	TS
数字普惠金融总指数(DIFI)	0.147*** (5.23)
控制变量(Control)	控 制

续表

变量	TS
常数（Constant）	1.918 *** (52.34)
观测数	310
R^2	0.769
Wald F 统计量	1914.710
LM 检验统计量	244.968 ***

注：***、**、* 分别表示在 1%、5%、10% 的水平上显著，括号内为标准误。

由表 6-7 可知，数字普惠金融回归系数为 0.147，且在 1% 水平下显著正相关，这意味着 DIFI 每增加 1 个单位，将推动企业技术创新（RTIL）提高 0.147 个单位，由此可见，得到的估计结果依旧稳健。

6.5 异质性分析

为验证假说 H3，即数字普惠金融对企业技术创新的影响在不同区域是否存在异质性，本章将 31 个省划分为东部、中部、西部三个区域，分组进行回归分析与比对，模型回归结果如表 6-8 所示。

表 6-8 异质性检验

指标	东部	中部	西部
DIFI	0.047 *** (11.44)	0.008(0.6)	0.039 *** (4.04)
URBAN	0.151 * (1.66)	1.144 *** (4.17)	0.020(0.10)
GOVERN	0.016(0.14)	0.176(0.99)	0.316 *** (4.23)
OPEN	0.055 * * (2.36)	0.051(0.37)	0.120(2.06)

续表

指标	东部	中部	西部
Constant	2.220 ***(44.58)	1.645 ***(12.64)	2.130 ***(23.66)
Observations	310	310	310
R-squared	0.8837	0.906	0.724
Number of id	31	31	31
个体/时间固定	YES	YES	YES

注：***、**、*分别表示在1%、5%、10%的水平上显著，括号内为标准误。

由表可知，数字普惠金融对企业技术创新的影响存在区域异质性，对东部地区和西部地区影响较大，中部存在不确定性，原因可能是东部地区政策覆盖度广泛，追求企业技术创新转型。西部地区的产业结构形态较为落后，企业技术创新具有很大的上升潜力，发挥其优势，促进高速发展。而中部地区，存在虹吸效应，缺乏相关政策支持，使其在企业技术创新方面具有不确定性。验证了假设 H3，即数字普惠金融对企业技术创新的影响存在异质性。

6.6　空间相关性检验

6.6.1　构建空间权重矩阵

通过对空间计量模型相关的文献进行梳理发现，空间权重矩阵主要采用三种设置方式，分别是邻接权重矩阵、地理距离权重矩阵和经济距离权重矩阵。本章基于各省份之间的经济发展水平构建经济距离矩阵，探究数字普惠金融与企业技术创新的空间效应。

$$D_{ij} = \begin{cases} \dfrac{1}{d_{ij}}, i \neq j \\ \\ 0, i = j \end{cases} \tag{6-6}$$

$$W_{ij} = D_{ij} diag\left(\frac{y_1}{\bar{y}}, \frac{y_2}{\bar{y}}, \cdots, \frac{y_n}{\bar{y}}\right) \tag{6-7}$$

其中，y_i 表示 i 省人均 GDP，$\bar{y}$ 表示全国人均 GDP。

6.6.2 空间相关性

检验空间相关性通常有两类方法：一是分析空间数据在整个系统内表现出来的分布特征，通常被称为全局空间相关性，一般使用 Moran's I 指数进行测度；二是分析局部子系统所表现出的分布特征，即局部空间相关性，一般用 Moran 散点图进行测度。

Moran's I 指数具体计算公式如下：

$$I = \frac{n}{\sum\limits_{i=1}^{n}\sum\limits_{j=1}^{n}w_{ij}} \times \frac{\sum\limits_{i=1}^{n}\sum\limits_{j=1}^{n}w_{ij}(x_i - \bar{x})(x_j - \bar{x})}{\sum\limits_{i=1}^{n}(x_i - \bar{x})^2} \tag{6-8}$$

Moran's I 数值介于 −1 到 1 之间，当 Moran's I>0 时，说明企业技术创新指数相似的省份区域空间临近，即呈现空间正相关性；当 Moran's I＝0 时，说明各省份企业技术创新指数为空间随机分布；当 Moran's I<0 时，说明企业技术创新指数相异的省份区域空间临近，即呈现空间负相关性。本章基于经济距离矩阵检验 RTIL 的空间相关性，结果如表 6-9 所示。

表 6-9　Moran's I 指数

年份	2011	2012	2013	2014	2015	2016	2017	2018	2019	2020
RTIL	0.260***	0.262***	0.257***	0.264***	0.291***	0.305***	0.323***	0.349***	0.396***	0.426***

注：***、**、* 分别表示在 1%、5%、10% 的水平上显著。

由表 6-9 数据可知,所有年份 Moran's I 统计量均显著大于 0,且在 1% 的水平上显著,表明企业技术创新指数值相近的省份趋于空间临近,即 RTIL 存在正向空间相关性,即呈现空间集聚现象。这表明企业技术创新水平高的地区趋于企业技术创新水平高的地区相邻,企业技术创新水平低的地区趋于企业技术创新水平低的地区相邻。

莫兰散点图能够更加直观地呈现各省企业技术创新指数的空间分布特征,其中第一象限表示企业技术创新指数值高的地区,其邻近地区数据也较高;第二象限表示企业技术创新指数值低的地区,其邻近地区数据较高;第三象限表示产业结构升级指数值低的地区,其邻近地区数据也较低;第四象限表示企业技术创新指数值高的地区,其邻近地区数据较低。若观测值落入第一、三象限说明企业技术创新存在正向空间相关性,即位于此象限的省份被企业技术创新指数具有相同特征的省份包围;若观测值落入第二、四象限说明企业技术创新存在负向空间相关性,即位于此象限的省份被企业技术创新指数具有相反特征的省份包围。

如图 6-2 所示,两幅图分别为 2011 年和 2020 年企业技术创新指数的莫兰散点图,由图可知,2011 年企业技术创新指数有 17 个观测值落入一、三象限;2020 年企业技术创新指数有 23 个观测值落入一、三象限,说明企业技术创新指数存在正向空间相关性,且大多落入第三象限,说明指数较低的省份更多聚集。

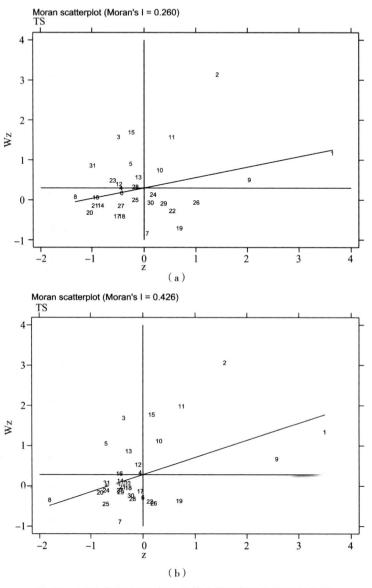

图 6-2　2011 年和 2020 年企业技术创新指数的莫兰散点图

其次,进行 Hausman 检验、LR 似然比、Wald 检验。

设 LR_SAR 的原假设为可以将空间杜宾模型简化为空间滞

后模型；LR_SEM 的原假设为可以将空间杜宾模型简化为空间误差模型。结果如表 6-10 所示。

表 6-10　Wald、LR 与 Hausman 检验结果

	统计量	P 值
Wald_SAR	28.27	0.000
Wald_SEM	32.26	0.000
LR_SAR	30.74	0.000
LR_SEM	28.85	0.000
Hausman test	16.86	0.051

注：***、**、* 分别表示在 1%、5%、10% 的水平上显著。

通过以上检验可知，显著拒绝原假设，空间杜宾模型（SDM）不会退化为空间滞后模型（SAR）和空间误差模型（SEM）。

最后，探究数字普惠金融及 3 个子维度覆盖广度（COVER）、使用深度（USAGE）和数字化程度（DIG）对企业技术创新的空间效应，结果如表 6-11 所示。

表 6-11　空间效应检验

变量	（1）	（2）	（3）	（4）
W * DIFI	0.0445** (0.0227)			
W * COVER		0.0081 (0.0260)		
W * USAGE			0.0206* (0.0112)	
W * DIG				0.0204*** (0.0077)
rho	0.2591*** (0.0571)	0.2377*** (0.0572)	0.2658*** (0.0573)	0.3671*** (0.0515)
控制变量	是	是	是	是

续表

变量	(1)	(2)	(3)	(4)
R^2	0.833	0.836	0.830	0.804
Obs	310	310	310	310

注:***、**、*分别表示在1%、5%、10%的水平上显著,括号内为标准误。

由表6-11可知,W*DIFI在5%的水平上显著,即数字普惠金融对企业技术创新存在空间溢出效应。

6.7　本章小结

本章从融资约束角度分析了数字普惠金融对企业技术创新的影响机制,最后,探讨企业技术创新的区域异质性和空间相关性。研究结论如下:

第一,数字普惠金融对企业技术创新具有正向促进效应。

第二,融资约束在数字普惠金融对企业技术创新的影响过程中发挥着中介作用。数字普惠金融可以通过缓解融资约束,拓宽融资渠道,促进企业技术创新。

第三,以缓解融资约束为中介变量探讨数字普惠金融对各地区企业技术创新的影响效应存在异质性,数字普惠金融对东部、中部、西部均存在正向效应,但对东部和西部发挥显著促进作用。

第四,各省份企业技术创新存在正向空间相关性。基于经济距离权重矩阵测算的全局Moran's I检验结果表明,省份之间企业技术创新指数具有空间依赖性,从莫兰散点图可以看出,企业技术创新指数大多分布在第一、三象限,分布呈现高-高集聚和低-低集聚的特点,表明企业技术创新指数相近相邻的省份存在空间集聚效应,即正向空间相关性。进一步研究表明,我国各省份数字普惠金融对企业技术创新存在空间溢出效应。

7 数字普惠金融对区域技术创新的间接影响实证分析：基于人力资本积累视角

数字普惠金融发展可以通过加速人力资本积累，提升人力资本水平，进而间接对区域技术创新水平产生正向影响，在数字普惠金融通过运作金融资本进入技术创新项目时会产生劳动力需求，从而为人力资本的介入提供必要条件，也使得人力资本充当中介变量成为必然。本章以人力资本积累为中介变量来研究数字普惠金融对企业技术创新的影响机制，同时研究区域异质性。数字普惠金融和区域技术创新的竞争归根结底在于人才的竞争，竞争引致加快金融行业数字化转型，加大了区域技术创新改革的步伐，同时也使得金融机构创新业务模式和技术手段，推动区域创新战略向纵深发展。

7.1 机理分析与研究假设

区域保有的高技术人才资源是掌握区域技术创新主导权的重要前提，人力资本理论认为人力资本是创新和经济增长的主要源泉，缪建文（2018）在其研究中发现普惠金融能够促进居民体力、智力以及综合素质的提升，而这也在一定程度上提高了创新主体的创新能力。苏屹等(2017)通过实证检验了人力资本投入会更有效地促进区域技术创新水平的提高。韩先锋等(2019)从直接效应和人力资本聚集的间接作用机制进行了实证分析,发现该机制可以促进区域创新效率快速提升和缩小区域间的创新差距。基于学者的研究成果,构建分析框架如图 7-1 所示。

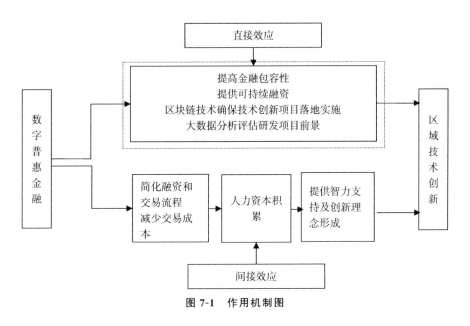

图 7-1　作用机制图

借助云计算和人工智能等前沿技术,数字普惠金融成功地提供了更加高效、便捷的金融解决方案,满足了技术创新的迫切需求。数字普惠金融领域的大数据分析和人工智能技术能帮助金融机构更好地评估技术创新项目的效益和风险,提高对这类项目的投资决策水平,这有助于引导资金流向减少技术创新风险。数字普惠金融通过利用数字化技术和在线平台,简化融资和交易流程,降低信息不对称的风险,提高融资透明度和便捷性,还可以利用智能合约和区块链等技术进一步减少交易成本,从而直接激励了区

域技术创新。基于以上分析,提出如下研究假设 H1:

研究假设 H1:数字普惠金融对区域技术创新水平提升有正向推动作用。

数字普惠金融的推广还能够通过教育和信息传递,金融科技平台可以通过信息传递和教育模块,帮助用户更好地理解可持续金融的价值和重要性,以此提高全社会金融服务使用机构及公众的金融认知及素养,提升了区域人力资本水平,此外,"数字技术＋金融"更是聚集了行业各种资源、创新人力资源产品和服务内容,提供智力支持及创新理念形成,打造了作为创新主体的人力资源行业生态圈,为区域技术创新水平提升提供了间接路径。基于该分析结果,提出如下研究假设 H2:

研究假设 H2:数字普惠金融通过提升人力资本水平激励技术创新。

7.2 变量选取与数据说明

7.2.1 变量选取

7.2.1.1 被解释变量

技术创新(RTIL):数字普惠金融通过激励技术创新进而促进技术创新。数字普惠金融通过利用数字化技术和在线平台简化融资和交易流程,降低信息不对称的风险,提高融资透明度和便捷性,还可以利用智能合约和区块链等技术进一步减少交易成本,从而激励技术,进而为技术创新提供了新的机遇和解决方案。结合现有文献,选取研发强度作为技术创新的代理变量,同时为减小误差对其进行对数化处理。

7.2.1.2 核心解释变量

数字普惠金融(DIFI):选取北京大学数字普惠金融研究中心发布的《北京大学数字普惠金融指数(2011—2020)》作为数字普惠金融指数的代理变量。将该指数分为覆盖广度、使用深度和数字化程度 3 个维度描述数字普惠金融发展水平。

7.2.1.3 中介变量

人力资本(HC):根据现有的研究,选取高等学校在校生数占总人口的比重作为测定人力资本积累的代理变量。依托数字技术,人们获取信息、学习知识、掌握新技能更为快速便捷,人力资本逐渐向高级化迈进,人力资源的高级化能够提升创新效率与技术转化效率。高等学校在校生是人力资本高级化的重要观测指标。

7.2.1.4 控制变量

外贸依存度(OPEN):若外贸依存度较高,可能导致对资源的过度开采和消耗,以满足出口需求,进而加剧环境压力,从而不利于技术创新。选取货物进出口总额与地区 GDP 的比值作为外贸依存度的代理变量。

地区经济发展水平(PGDP):各地区良好的经济发展水平能够促进其更多投资于教育水平提升的资源及要件,从而实现区域人力资本水平提高,进而有效保证其实现区域技术创新水平提升。选取各地区的人均 GDP 作为经济发展水平的代理变量,以 2010

为基期计算的实际人均 GDP 并取对数来衡量各地区的经济发展水平。

技术市场发展(TECH):技术市场包括人工智能和机器学习、物联网和区块链技术等。技术市场的发展驱动着技术不断进步，促使新技术不断涌现，为促进技术创新提供了更为广泛的空间。选取技术市场成交额占地区 GDP 的比重衡量技术市场发展水平。

基础设施建设(INFRA):基础设施建设的便利化和智能化为经济的可持续发展提供了支持。以人均道路面积的对数来衡量基础设施建设水平。

表 7-1　影响因素指标选取

指标属性	指标名称	指标解释
被解释变量	技术创新(RTIL)	研发强度(R&D 经费支出占 GDP 的比重)
解释变量	数字普惠金融(DIFI)	北京大学数字普惠金融总指数
中介变量	人力资本(HC)	高等学校在校生数占总人口的比重
控制变量	外贸依存度(OPEN)	货物进出口额/GDP
控制变量	地区经济发展水平(PGDP)	实际人均 GDP
控制变量	技术市场发展(TECH)	技术市场成交额/GDP
控制变量	基础设施建设(INFRA)	人均道路面积

7.2.2　数据说明与描述性分析

本章基于数据的科学性和合理性，研究我国 31 个省份、自治区和直辖市(不包含西藏)2011—2020 年的面板数据。其中数字普惠金融的数据来自北京大学数字普惠金融研究中心课题组，其他变量的数据来自《国家统计年鉴》、各地区地方统计年鉴以及数据网等。搜集到的数据有部分缺失，因此对其均采用线性插值法予以补充。为了便于消除异方差，本章对部分变量采取对数化处理。变量的描述性统计见表 7-2。

表 7-2 变量的描述性统计

变量	观察值	均值	中位数	标准差	最小值	最大值
技术创新 (RTIL)	310	1.625	1.345	1.066	0.34	6.44
数字普惠金融 (DIFI)	310	230.2	238.5	101.7	18.3	453.6
人力资本 (HC)	310	0.0192	0.0253	0.0049	0.0080	0.0335
技术市场发展 (TECH)	310	167.4	68.9	283.9	1.892	1904
外贸依存度 (OPEN)	310	2352	1321	2765	0.056	15441
基础设施建设 (INFRA)	310	0.993	1.015	0.155	0.334	1.203
地区经济发展水平 (PGDP)	310	10.82	10.79	0.443	9.682	12.02

7.3 实证分析

首先进行豪斯曼检验,结果为 p 值等于 0.0000,拒绝原假设,因此本章借助固定效应进行分析。运用双重固定效应模型和中介模型来分析检验数字普惠金融对技术创新的影响,并且将研究对象划分为东、中、西三个区域进行异质性分析,探究数字普惠金融对技术创新在不同区域的影响效果。另外,使用滞后一期的互联网普及率作为工具变量进行稳健性检验,保证结果的可靠性。

7.3.1 模型设定

7.3.1.1 基准回归模型

研究数字普惠金融对技术创新的作用机制,结合现有文献对数字普惠金融以及技术创新的相关研究,构建如下基准回归模型:

$$\text{RTIL}_{it} = \alpha_0 + \alpha_1 \text{DIFI}_{it} + \mu_t + \theta_i + \varepsilon_{it} \tag{7-1}$$

$$\text{RTIL}_{it} = \alpha_0 + \alpha_1 \text{DIFI}_{it} + \alpha_2 \text{open}_{it} + \alpha_3 \text{pgdp}_{it}$$
$$+ \alpha_4 \text{tech}_{it} + \alpha_5 \text{infra}_{it} + \mu_t + \theta_i + \varepsilon_{it} \tag{7-2}$$

其中 i 和 t 分别表示不同时期和地区,RTIL_{it} 表示技术创新水平,DIFI_{it} 表示数字普惠金融发展水平,open_{it} 表示外贸依存度,pgdp_{it} 表示地区经济发展水平,tech_{it} 表示技术市场发展水平,infra_{it} 表示基础设施建设,μ_t 为年度效应,θ_i 为省份效应,ε_{it} 为随机误差项。

7.3.1.2 中介效应模型

经过理论分析可知,将技术创新作为中介变量,认为数字普惠金融通过激励技术创新进而影响技术创新。数字普惠金融不仅可以直接促进技术创新,也可以通过技术创新间接促进技术创新。借鉴温忠麟等的研究成果,建立如下中介效应模型:

$$\text{hc}_{it} = \beta_0 + \beta_1 \text{DIFI}_{it} + \beta_2 \text{open}_{it} + \beta_3 \text{pgdp}_{it}$$
$$+ \beta_4 \text{tech}_{it} + \beta_5 \text{infra}_{it} + \mu_t + \theta_i + \varepsilon_{it} \tag{7-3}$$

$$\text{RTIL}_{it} = \gamma_0 + \gamma_1 \text{DIFI}_{it} + \gamma_2 \text{hc}_{it} + \gamma_3 \text{open}_{it} + \gamma_4 \text{pgdp}_{it}$$
$$+ \gamma_5 \text{tech}_{it} + \gamma_6 \text{infra}_{it} + \mu_t + \theta_i + \varepsilon_{it} \tag{7-4}$$

其中,hc_{it} 表示人力资本水平为中介变量,α、β、γ 表示回归

系数。中介效应以 α_1 显著为前提,若不显著,则说明数字普惠金融对技术创新影响不显著,此时为遮蔽效应。模型中 α_1 表示数字普惠金融对技术创新的总效应, β_1 表示数字普惠金融对人力资本水平的效应, ρ_2 表示控制了数字普惠金融的影响后人力资本水平对技术创新的效应,要验证这 3 个系数是否均显著,若存在系数不显著,则使用 Bootstrap 进行验证。系数 γ_1 表示控制了人力资本水平后数字普惠金融对技术创新的效应,如果显著,则表明数字普惠金融对技术创新的直接效应也是显著的;不显著则只有中介效应显著; $\beta_1\gamma_2$ 表示数字普惠金融对技术创新的中介效应,若它与 γ_1 同号,则认为人力资本水平起到部分中介作用;同时,若模型 4 的系数 γ_1 对于模型 2 中的系数 α_1 有所降低,则说明人力资本水平是对技术创新产生影响的路径变量。

7.3.2 基准回归结果

采用数字普惠金融总指数作为代理变量,以衡量数字普惠金融对技术创新的具体影响效果。在回归分析中,我们分别构建了加入和不加入控制变量的两个模型,即模型(1)和模型(2),并考虑了年份和省份的双重固定效应。如表 7-3 所示。

表 7-3　数字普惠金融与技术创新基准回归结果

变量名	(1)	(2)	覆盖广度	使用深度	数字化程度
数字普惠金融 (DIFI)	0.0067 *** (7.29)	0.0043 *** (7.11)			
覆盖广度 (COVER)			0.0041 *** (2.66)		
使用深度 (USAGE)				0.0018 *** (4.29)	

续表

变量名	(1)	(2)	覆盖广度	使用深度	数字化程度
数字化程度 (DIG)					0.0008 ** (4.13)
技术市场发展 (TECH)		0.0002 *** (0.98)	0.0001 ** (3.12)	0.0000 (0.52)	0.0001 (1.58)
外贸依存度 (OPEN)		−0.0000 ***" (−2.96)	−0.0000 *** (−3.68)	−0.0000 ** (−1.99)	−0.0000 *** (−3.12)
基础设施建设 (INFRA)		0.3005 ** (2.66)	0.2030 (1.46)	0.3022 ** (2.25)	0.2603 * (1.55)
地区经济发展水平 (PGDP)		0.6995 *** (8.32)	0.8133 *** (6.98)	0.8318 ** (9.01)	0.7896 *** (7.95)
观测值	330	330	330	330	330
地区/年份	控制	控制	控制	控制	控制
R^2	0.9687	0.9769	0.9741	0.9773	0.9766

注：***、**、*分别表示在1%、5%、10%的水平上显著,括号内为标准误。

表7-3报告了基于面板固定效应模型的回归结果,通过对比这两个模型的回归结果,我们发现,在不加入控制变量的情况下,数字普惠金融对技术创新的影响系数为0.0067;当加入控制变量进行回归检验即考虑到其他的潜在因素对技术创新产生影响时,数字普惠金融的影响系数为0.0043。可见不论是否加入控制变量进行分析,数字普惠金融对技术创新均存在正向显著影响,研究假设H1得以验证。进一步将数字普惠金融指数分为覆盖广度,使用深度以及数字化程度三个层面,结果显示,数字普惠金融的覆盖广度,使用深度以及数字化程度对技术创新的边际效应均通过了1%的显著性检验,且从回归系数来看,覆盖广度的系数相比使用深度和数字化程度要高很多,因此数字普惠金融推动技术创新主要通过提高覆盖广度来实现,原因可能是提高数字普惠金融覆盖

广度可以将数字普惠金融服务拓展到更加广泛的人群，通过普及金融服务，为更多人提供融资机会。此外，提高数字普惠金融使用深度可以促进如助学贷款等更多类型的普惠金融产品推出，这些产品可以满足优秀技术创新人力资本积累的需求，激励更多的人才流向区域技术创新领域。

从控制变量上的回归结果来看，技术市场发展对提升技术创新存在一定的不确定性，可能是由于相关制度和措施仍需要进一步优化；降低外贸依存度和推动地区经济发展都显著促进了技术创新，且在覆盖广度、使用深度以及数字化程度3个分维度上都通过了显著性检验；基础设施建设有助于提高技术创新水平，但在覆盖广度中没有通过显著性检验。

7.3.3　中介效应回归结果

通过中介效应的模型回归结果计算，可得数字普惠金融与技术创新的中介效应回归结果如表7-4所示。

表7-4　数字普惠金融与技术创新的中介效应回归结果

变量名	技术创新（RTIL） (7-2)	技术创新（HC） (7-3)	技术创新（RTIL） (7-4)
数字普惠金融 （DIFI）	0.0039*** (7.05)	0.0082*** (4.77)	0.0042*** (6.02)
人力资本水平 （HC）			0.0712*** (3.03)
控制变量	控制	控制	控制
观测值	330	330	330
地区/年份	控制	控制	控制
R^2	0.9769	0.9625	0.9775

注：***、**、*分别表示在1%、5%、10%的水平上显著，括号内为标准误。

表 7-4 详细展示了数字普惠金融对技术创新影响机制的回归分析结果。根据模型 7-2 的回归结果,我们发现,数字普惠金融对技术创新的影响系数为 0.0039,并且这一结果通过了 1% 的显著性检验,这充分表明数字普惠金融对技术创新具有显著的正向推动作用。进一步观察模型 7-3 的估计结果,我们得知,数字普惠金融对人力资本水平的影响系数为 0.0082,且同样通过了 1% 的显著性水平检验,说明数字普惠金融通过利用数字化技术和在线平台,简化了融资和交易流程,降低了信息不对称的风险,提高了融资透明度和便捷性,还可以利用智能合约和区块链等技术进一步减少交易成本,从而激励人力资本水平提升,以此表明数字普惠金融能够促进人力资本水平发展。由模型 7-4 的估计结果可知,人力资本水平对技术创新的影响系数为 0.0712,且通过了 1% 的显著性检验。根据以上分析可知,数字普惠金融与技术创新之间存在技术创新这一中介变量,即数字普惠金融通过提高人力资本水平促进技术创新,验证了研究假设 II 成立。

由表 7-5 可知,存在数字普惠金融直接影响技术创新水平的传导路径,并且该传导效应为 0.0041。另外,还存在数字普惠金融通过人力资本水平间接影响技术创新的传导路径,且中介效应的传导效应为 0.0007。数字普惠金融通过智能合约、区块链技术等为技术创新提供了新的机遇和解决方案,可以进一步促进技术创新项目的融资,从而有助于实现更可持续的经济发展。综上,数字普惠金融对技术创新的总效应为 0.0046,其中人力资本水平的中介效应贡献了 17.07%。

表 7-5　传导效应测算

传导效应	传导路径	效应推算	测算结果
直接效应	数字普惠金融—技术创新	ρ_1	0.0041
中介效应	数字普惠金融—人力资本水平-技术创新	$\beta_1\rho_2$	0.0007
总效应	数字普惠金融—技术创新	α_1	0.0046

7.4　稳健性检验

基于以上分析，模型中可能存在内生性问题，因此根据相关文献参考，本章选取滞后一期的互联网普及率作为工具变量。它不仅在一定程度上影响数字普惠金融的发展，并且不会受各地区技术创新水平的影响，满足工具变量的选取条件，检验结果如表 7-6 所示。

表 7-6　稳健性检验结果

DWH 检验		两阶段最小二乘法	
Robust score chi^2(1) p	Robust regression $F(1,293)-p$	第一阶段 p	第二阶段 p
0.0031	0.0258	0.0000	0.0000

首先，工具变量个数等于内生解释变量个数，可以恰好识别，因此不需要对工具变量进行外生性检验。另外，由于工具变量法要求存在内生解释变量，因此进行异方差稳健的 DWH 检验，原假设为变量均为外生解释变量。F 统计量和卡方统计量在大样本下渐近等价，且二者的检验统计量 P 值均小于 0.05，故拒绝原假设，通过检验发现解释变量数字普惠金融是内生变量，因此可以选取工具变量消除内生性。

通过两阶段最小二乘法消除内生性，第一阶段检验工具变量与解释变量的相关性,检验结果显示 F 统计量统计结果为 203.73（大于 10）,且 F 统计量的 p 值等于 0.0000,通过显著性检验,即认为选取的工具变量不是弱工具变量。第二阶段检验 p 值等于 0.0000,通过显著性检验,则认为是稳健的。

7.5 异质性分析

由于我国不同地区之间存在发展的不均衡性,使数字普惠金融对不同地区技术创新水平的影响存在差异,本章将研究样本按照东部地区,中部地区,西部地区划分为 3 个子样本,研究数字普惠金融促进技术创新的边界条件。

表 7-7 数字普惠金融与技术创新的区域异质性回归

变量名	东部地区	中部地区	西部地区
数字普惠金融（DIFI）	0.0017** (2.83)	0.0039** (4.71)	0.0045*** (2.21)
控制变量	控制	控制	控制
观测值	121	99	110
地区/年份	控制	控制	控制
R^2	0.9902	0.9688	0.9802

注:***、**、* 分别表示在 1%、5%、10% 的水平上显著,括号内为标准误。

由表 7-7 可知,在东部地区,数字普惠金融对技术创新的影响系数为 0.0017 且通过了 5% 的显著性水平检验;在中部地区,数字普惠金融对技术创新的影响系数为 0.0039 且通过了 5% 的显著性水平检验;在西部地区,数字普惠金融对技术创新的影响系数为 0.0045 且通过了 1% 的显著性水检验。通过研究发现,数字普惠金融的技术创新效应有区域差异。该结果显示,东、中、西部数字普惠金融均有显著影响作用。由回归结果可知,中西部地区比东部地区的数字普惠金融具有更显著的绿色增长效应,表现为东部、中部、西部促进程度依次递增。原因可能是东部地区大都较发达,经济水平较高,具有较为完善的金融服务体系,还未完全发挥对技术创新的作用,而对于中西部地区,经济相对落后,数字普惠金融具有普惠性和精准性的特性,能够有效缩小金融服务的差距,为技术创新项目提供更为便捷的融资渠道,从而促进区域技术创新水平提升。

7.6　本章小结

基于上述实证分析,得出以下结论:

第一,数字普惠金融对技术创新有明显的促进作用,即数字普惠金融能够通过灵活金融资源运作方式,提高区域人才集聚优势从而促进技术创新,且通过引入工具变量进行稳健性检验,该结论仍然成立。将数字普惠金融分为覆盖广度、使用深度和数字化程度3个维度进行研究,发现数字普惠金融的技术创新效应存在维度差异,具体而言,提高数字普惠金融覆盖广度能够更显著地促进技术创新,原因可能是提高数字普惠金融覆盖广度可以将数字普惠金融服务拓展到更加广泛的人群,通过普及金融服务,为更多人提供融资机会,为区域人才素质水平提高创造更为便利条件。提高数字普惠金融使用深度可以促进如助学贷款等更多类型的普惠金融产品推出,这些产品可以满足优秀技术创新人力资本积累的需求,激励更多的人才流向区域技术创新领域。

第二,地区经济发展和基础设施建设都显著促进了技术创新。

通过检验发现,推动地区经济发展显著促进了技术创新且在覆盖广度,使用深度以及数字化程度3个分维度上都通过了显著性检验。另外,加强基础设施建设有助于提高技术创新水平。

第三,人力资本水平是数字普惠金融促进技术创新的中介变量。数字普惠金融通过智能合约、区块链技术等为技术创新提供了新的机遇和解决方案,不仅促进了助学项目的融资,还加大了金融资源对教育的投入力度,从而有助于提升区域技术创新水平。

第四,以人力资本积累为中介变量,数字普惠金融对不同地区的技术创新水平影响存在差异,呈现出东部、中部、西部依次递增的特点。原因可能是东部地区大都较发达,具有较为完善的金融服务体系,但没有充分促进技术创新,而对于中西部地区,经济相对落后,数字普惠金融具有普惠性和精准性的特性,能够有效缩小金融服务的差距,为技术项目提供更为便捷的融资渠道,从而进一步加大技术创新投入。

8 数字普惠金融对
区域技术创新的间接影响实证分析:
基于产业结构优化升级视角

数字普惠金融的发展有助于区域产业结构优化升级,刺激产生外部需求,从而增进研发投入力度,进而间接促进区域内技术创新水平的提升。本章以产业结构升级为中介变量研究数字普惠金融对企业技术创新的影响机制,同时研究产业特征和地域异质性。该研究对于二者的协调发展以及促进我国创新驱动发展战略具有重要作用。

8.1 机理分析与研究假设

数字普惠金融本身就蕴含丰富的高新技术和创新理念,由于金融行业独特的优势和地位,其发展必然会促使各企业吸取经验、完善自身和不断创新,随着国家相关政策的完善,减少信息不对称、降低储蓄和交易成本等可以直接促进企业技术创新的发展。数字普惠金融的发展使得金融市场扩大、用户经济需求增加以及区域之间不断合作与竞争从而促进企业转型升级,随着产业结构进一步优化升级,将促使企业不断完善和改革自身品牌,同时加大科技研发力度以及积累人才资源等,最终促使企业不断发展创新。

构建分析框架如图 8-1 所示。

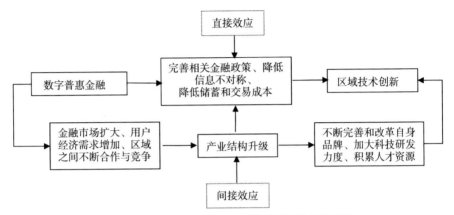

图 8-1　数字普惠金融对企业技术创新的分析框架

8.1.1　数字普惠金融对企业技术创新的影响分析

企业技术创新的发展是在金融环境的大背景下进行的,然而,金融发展所存在的不平衡和不充分问题日益增加,严重阻碍了企业技术创新的发展。近年来,国家一直在大力促进金融行业的改革创新,来满足新时代下用户日益增长的经济需求。其中,最引人注目的便是与大数据、互联网、云计算等新兴技术结合起来的数字普惠金融。

数字普惠金融作为金融与高新技术融合形成的产物,本身就包含了丰富的金融与科技内涵,由于金融行业在经济市场中占据领先地位,所以数字普惠金融的发展必然会引起金融部门的广泛关注,并根据自身特点结合数字普惠金融进行改革和创新。在激烈的市场竞争中,企业只有不断完善自身结构和提高技术创新能力,才不会被经济市场所淘汰。数字普惠金融在其中发挥着重要作用,研究表明,吴庆田(2021)、李朝阳(2021)、李永奎(2022)等学者的相关研究均表明数字普惠金融能够促进企业技术创新的发展。

基于此,提出研究假设 H1:数字普惠金融对企业技术创新具有正向显著的促进作用。

8.1.2　产业结构升级的中介作用

数字普惠金融除了直接影响企业技术创新之外,还可以通过产业结构升级间接影响企业技术创新。产业结构升级对企业技术创新的间接影响体现在诸多方面,本章主要从微观、中观、宏观三个方面进行分析。

首先,微观层面——企业。随着金融市场的不断扩大,用户经济需求日益增加,企业当前的技术水平已经无法满足新时代下的新需求,这就会促使企业不断自我革新,提高自身的技术创新能力,加大科技研发力度,以防止被市场淘汰,这就会极大地促进企业技术创新的发展;其次,中观层面——地区。区域之间的合作与竞争能够创建良好的创新环境。产业结构升级所带来的高新技术产业以及传统金融部门的转型升级,会相应地提高科技研发力度和技术创新能力。地区传统金融部门为了适应新时代下的市场环境,只能不断完善和改革自身品牌,提升服务质量和效率;最后,宏观层面——政府。产业结构升级肯定离不开政府的政策支持,政府通过不断完善有关产业结构升级的相关制度和政策,鼓励企业技术创新和转型升级,从而促进企业产业创新能力的提高。同时,产业结构升级所带来的资源等要素为技术的转型和创新提供了良好的条件,这将会促使企业技术创新不断发展。

基于此,提出研究假设 H2:在数字普惠金融促进企业技术创新的发展过程中,产业结构升级能够发挥中介作用。

8.1.3 数字普惠金融促进企业技术创新的产业特征异质性

数字普惠金融对企业技术创新的影响效果在企业的产业特征上存在差异。本章研究的企业产业特征是企业是否为高新技术企业。彭红星等(2017)研究表明,增加高科技公司研发投入是实施好创新驱动发展战略的关键,当公司高管具有研发技术背景或政治关联背景时,高科技公司均可以获得更多创新补贴资源;高管研发技术背景可以有效增加高科技公司研发投入,但政治关联背景无法提升研发投入。与非高新技术企业相比,高新技术企业更加注重科技创新项目,企业的技术创新意愿更为强烈,企业对技术创新的投入力度更大,这极大地促进了企业技术创新的发展。然而,由于高新技术企业将资金大量投入科技创新的研发,这伴随着高风险和不确定性,高新技术企业的融资情况经常受到限制,不利于企业技术创新发展。数字普惠金融能够在一定程度上打破这一限制,高新技术企业可以通过数字普惠金融平台快速找到愿意投资的资金供应方,使得科技创新研发可以持续发展下去。

基于此,提出研究假设 H3:数字普惠金融对高新技术企业的创新作用明显高于非高新技术企业。

8.1.4 数字普惠金融促进企业技术创新的区域异质性

数字普惠金融对企业技术创新的影响效果在不同区域的企业上存在差异。通常情况下,可根据企业所在区域划分为东、中、西部三大区域的企业。数字普惠金融能够有效改善传统金融服务所存在的缺陷,该缺陷在经济发展不发达的中西地区尤为突出,在经济发展不发达的中西地区,用户难以享受到便捷的金融服务,且金融错配问题、融资约束和融资成本差异等问题严重打击了企业的技术创新意愿,不利于企业技术创新的发展。数字普惠金融在一定程度上能够有效解决传统金融体系所面临的问题和阻碍,"低成本、覆盖范围广"等特点尤为突出。但与中部地区相比,西部地区的企业在人才资源、制度环境、基础设施以及与数字普惠金融配备的相关制度和机制等还不够成熟,有待完善和改进,具有较强的风险性和不确定性。

基于此,提出研究假设 H4:数字普惠金融对中部地区的企业技术创新具有促进作用。

8.2 研究设计

8.2.1 数据来源

以 2011—2020 年中国各省的 A 股上市公司作为研究对象,以 2011 年的数字普惠金融指数作为起始年限进行配对,构建 2011—2020 年共 10 年的面板数据集。同时剔除以下数据:(1)样本企业中的金融类、房地产类企业;(2)在期间挂牌 ST 和退市的企业;(3)对关键数据严重缺失的企业;(4)为提高数据质量,以"5 年连贯"为原则,保留那些至少连续 5 年数据连续的样本;(5)对数据中的变量(不包含虚拟变量)进行缩尾处理,最终得到一个 22440 个"企业—年份"的观测样本。

相关数据来源:企业专利数据来自国泰安数据库(CSMAR),

相关财务数据来自 Wind 数据库以及各上市公司所披露的年度报告,数字普惠金融指数来自北京大学《数字普惠金融指数》,其余数据均来自《国家统计年鉴》和《地方统计年鉴》。

8.2.2 变量设定

8.2.2.1 被解释变量

企业技术创新(RTIL)。本章参考梁榜和张建华(2019)构建的"企业技术创新指标",以发明专利、实用新型专利和外观设计专利三种类型的专利申请数量加总,加 1 之后取自然对数来作为企业技术创新的代理变量。

8.2.2.2 核心解释变量

数字普惠金融(DIFI)。参考唐松等(2020)对数字普惠金融指标的测度,本章采用的是郭峰等(2020)构造的"北京大学数字普惠金融指数"来作为数字普惠金融(DIFI)的代理变量,本章主要采用省级层面的数据。同时,使用其构建的覆盖广度(Coverage)和使用深度(Usage)两个对称的子维度来替代核心解释变量,以达到对模型进行稳健性检验的目的。

8.2.2.3 中介变量

产业结构升级水平(ISU)。产业结构升级是产业结构从低级形态向高级形态的转变,是经济增长方式和经济发展模式的转变。为了能够全面准确地反映本章的研究目的,实现本章的研究目标,本章参考的是唐文进等(2019)在研究中所构建的产业结构升级指

数来作为产业结构升级水平(ISU)的代理变量。计算公式如下:

$$ISU = \sum_{i=1}^{3} I_i \times i = I_1 + 2I_2 + 3I_3 \qquad (8\text{-}1)$$

其中,I_1、I_2、I_3分别表示第一、二、三产业的产值与总产值的比值。一般情况下,该指数用来反映第一、二、三产业这三类产业之间的产业升级程度,ISU值越大,表明产业结构升级水平的发展层次越高,同时也表明该地区的产业结构更高级,其最大值为3。

8.2.2.4 控制变量

为了能够更为精确地分析数字普惠金融对企业技术创新的影响,本章还添加了一些可能会影响企业技术创新水平的控制变量,具体如下:

资产规模(lnTA)。邹国平等(2015)在其研究中表明,企业创新投入强度较小时,研发强度与规模之间呈显著正相关关系,即企业研发强度随着企业规模的增大而增大,企业在扩大规模的同时注重依靠新技术的应用、新产品的投放来获取市场份额,从而扩大企业规模,此时的企业规模与研发强度之间相互作用,相互促进。由此表明,资产规模会影响企业技术创新水平,因此本章采用总资产取自然对数来衡量企业规模水平。

资产收益率(ROA)。乔国平(2020)研究发现,在交易试点制度实施政策环境下,企业通过交易可以增加其利润,提高资产收益率,从而激励企业加大研发创新投资。由此表明,资产收益率会影响企业技术创新水平,因此本章采用"企业净利润/总资产"来度量资产收益率。

国内生产总值（LnGDP）。钟优慧等（2021）研究发现，随着GDP 增长压力增大，国有企业更容易形成短视行为，会对技术创新意愿产生影响。由此表明，国内生产总值会影响企业技术创新水平，因此本章采用国内生产总值取自然对数来进行测量。

净利润增长率（NPR）。夏峰等（2014）研究发现，96％的激励计划通过定向增发获得股票，净利润增长率和净资产收益率是最常用的两项业绩指标，股权激励对提升公司业绩、提升股票市场表现、促进企业增加创新投入、提升公司治理四个方面均有积极影响。由此表明，净利润增长率会影响企业技术创新水平，因此本章采用"（当期利润－上期利润）/上期净利润"来度量净利润增长率。

现金比率（CR）。娄祝坤等（2019）研究发现，在集团整体持现水平一定的情况下，现金在母子公司间分布越分散（子公司持现比率越高），集团整体创新绩效越差。相对非国有产权，国有产权会加剧集团现金分散配置对创新绩效的不利影响。由此表明，现金比率会影响企业技术创新水平，因此本章采用"货币资金/流动负债"来衡量企业的现金比率水平。

由此进行变量构建如表 8-1 所示。

表 8-1　变量名称与定义

变量类型	变量名称	变量定义
被解释变量	企业技术创新（RTIL）	三种专利申请数量加总，加 1 之后取自然对数
解释变量	数字普惠金融（DIFI）	省级层面的数字普惠金融综合指数取对数
中介变量	产业结构升级水平（ISU）	第三产业产值/第二产业产值
	资产规模（lnTA）	总资产取自然对数
	资产收益率（ROA）	企业净利润/总资产

续表

变量类型	变量名称	变量定义
	国内生产总值(lnGDP)	国内生产总值取对数
控制变量	净利润增长率(NPR)	(当期利润－上期利润)/上期净利润
	现金比率(CR)	货币资金/流动负债

8.3 模型设定

8.3.1 基准模型

本章以 2011—2020 年中国各省的 A 股上市公司作为研究对象，以数字普惠金融指数作为为核心解释变量，来研究数字普惠金融对企业技术创新的直接效应。本章采用如下模型：

$$\mathrm{RTIL}_{i,t} = \alpha_0 + \alpha_1 \mathrm{DIFI}_{i,j,t} + \alpha_i \sum_{i=2}^{6} \mathrm{control}_{it} + \mu_t + \theta_i + \varepsilon_{it}$$

$$(8\text{-}2)$$

在回归方程(8-2)中，被解释变量为企业技术创新，$\mathrm{RTIL}_{i,t}$ 表示第 i 个企业第 t 年的企业技术创新指标；核心解释变量为数字普惠金融指数，$\mathrm{DIFI}_{i,j,t}$ 表示第 i 个企业所在的 j 地区第 t 年的数字普惠金融指数；控制变量 $\mathrm{control}_{it}$ 包含了前面所叙述的资产规模(lnTA)、资产收益率(ROA)、国内生产总值(lnGDP)、净利润增长率(NPR)、现金比率(CR)；α_0 表示常数项、α_1 和 $\alpha_i (i=2,\cdots,6)$ 表示待估计参数；μ_t 为年度效应，θ_i 为省份效应，ε_{it} 为随机误差项。

8.3.2 中介效应模型

为了深入分析数字普惠金融与区域技术创新的作用机制,本章参考温忠麟和叶宝娟(2014)中介效应模型的构建方法,检验产业结构升级这一间接影响机制的中介效应是否存在,模型设定如下:

$$\mathrm{ISU}_{i,j,t} = \beta_0 + \beta_1 \mathrm{DIFI}_{i,j,t} + \beta_i \sum_{i=2}^{6} \mathrm{control}_{it} + \mu_t + \theta_i + \varepsilon_{it} \quad (8\text{-}3)$$

$$\mathrm{RTIL}_{i,t} = \gamma_0 + \gamma_1 \mathrm{DIFI}_{i,j,t} + \gamma_2 \mathrm{ISU}_{i,j,t} + \gamma_i \sum_{i=3}^{7} \mathrm{control}_{it} +$$
$$\mu_t + \theta_i + \varepsilon_{it} \quad\quad\quad (8\text{-}4)$$

$ISU_{i,j,t}$ 为选中的中介变量,表示第 i 个企业所在的 j 地区第 t 年的产业结构升级水平。回归方程(8-3)表示研究数字普惠金融对中介变量的影响,回归方程(8-4)表示研究数字普惠金融和中介变量共同对区域技术创新的影响,两个回归方程结合回归方程(8-2)检验中介效应。

一般情况下,采用逐步检验法检验中介效应。回归方程(8-2)中的系数 α_1 代表数字普惠金融对区域技术创新的总效应大小,回归方程(8-3)中的系数 β_1 代表数字普惠金融对中介变量的效应,回归方程(8-4)中的系数 γ_2 代表在控制数字普惠金融的影响后,中介变量对区域技术创新的效应,系数 γ_1 代表在控制中介变量的影响后,数字普惠金融对区域技术创新的直接效应,系数 γ_2 与系数 β_1 的乘积代表中介变量的中介效应。如果回归方程(8-2)中的系数 α_1 显著,说明数字普惠金融对区域技术创新有显著的影响,进一步检验回归方程(8-3)和回归方程(8-4)中的系数 β_1 和系数

γ_2。如果这两个系数都显著,说明中介效应存在,并且中介效应的影响程度为系数 γ_2 与系数 β_1 的乘积。如果系数 γ_1 不显著,表示中介变量为完全中介变量,如果系数 γ_1 显著,且 $|\gamma_1| < |\alpha_1|$,则表示中介变量为部分中介变量。当系数 β_1 和系数 γ_2 至少有一个不显著时,通常采用 Sobel 检验法和 Boostrap 检验法再次进行验证。虽然 Sobel 检验法的检验力度优于依次检验,但是 Sobel 检验法要求检验的统计量要服从正态分布,对数据的要求较高,且所计算出的结果也只是近似的,由此可见,Sobel 检验法检验中介效应存在一定的局限性,所以,本章采用当前较为流行的 Boostrap 检验法。Boostrap 检验法是用样本来代替总体的一种检验方法,其检验力度要优于 Sobel 检验法,且对数据进行抽样分布时没有限制条件,因此越来越受研究者们的欢迎。

8.4　实证分析

8.4.1　描述性分析

表 8-2 是对本章所有的主要变量进行描述性统计分析的结果。首先,从被解释变量的层面来看,度量区域技术创新水平的指标的均值为1.574407,标准差为1.610623,最小值和最大值分别为 0 和6.061457,这表明不同企业之间的创新能力存在较大的差别。其次,从解释变量的层面来看,数字普惠金融指数的均值为5.3928,标准差为 0.5543949,最小值和最大值分别为3.478775和6.035194,这也表明中国不同地区之间的企业的数字普惠金融的发展水平存在较大的差异。然后,从中介变量的层面来看,产业结

构升级水平的均值为2.462573,标准差为0.1482285,最小值和最大值分别为2.224913和2.833661,这表明各地区不同企业之间的产业结构升级水平存在着一定的差距。最后,从控制变量的层面来看,在区域技术创新水平的相关影响变量之间也同样存在着较为明显的差异。

表 8-2 变量的描述性统计性分析

变量类型	变量名称	总量	均值	标准差	最小值	最大值
被解释变量	区域技术创新（RTIL）	22,440	1.57441	1.61062	0	6.06146
解释变量	数字普惠金融（DIFI）	22,440	5.39280	0.55439	3.47878	6.03519
中介变量	产业结构升级（ISU）	22,440	0.52768	0.11496	0.35710	0.83688
	资产规模（lnTA）	22,440	22.19070	1.26842	19.94550	26.11015
	资产收益率（ROA）	22,440	0.05305	0.06281	−0.23630	0.22846
控制变量	国内生产总值（lnGDP）	22,440	10.45661	0.73086	7.93071	11.61865
	净利润增长率（NPR）	22,440	0.03733	0.05961	−0.25134	0.18859
	现金比率（CR）	22,440	0.91655	1.58253	0.02652	10.62211

8.4.2 基准回归分析

本章使用 Stata 17.0 对回归模型进行检验,采用 Hausman 检验,其检验结果的 P 值小于 0.01,表示拒绝原假设 H0。因此本章通过构建固定效应模型来进行研究是合理的,模型运行结果如表 8-3 所示。

表 8-3　数字普惠金融对区域技术创新影响的基准回归结果

指标	区域技术创新(RTIL)(1)	区域技术创新(RTIL)(2)
数字普惠金融(DIFI)	0.163 ** (2.31)	0.160 ** (2.26)
资产规模(lnTA)		−0.023 (−1.56)
资产收益率(ROA)		−3.397 *** (−4.94)
国内生产总值(lnGDP)		0.138 * (1.72)
净利润增长率(NPR)		4.160 *** (5.76)
现金比率(CR)		−0.022 *** (−4.12)
常数项	0.695 * (1.82)	−0.165 (−0.17)
个体效应	控制	控制
时间效应	控制	控制
N	22440	22440
R^2	0.777	0.778

注:***、**、* 分别表示在 1%、5%、10% 的水平上显著,括号内为标准误。

第(1)列表示在没有加入任何控制变量的情况下,数字普惠金融对区域技术创新水平的总影响效应。结果表明,数字普惠金融对区域技术创新水平的回归系数为 0.163,且在 5% 的显著水平下显著为正,这表明数字普惠金融对区域技术创新具有正向显著的促进作用,即假设 H1 成立。第(2)列表示在加入相关的控制变量后,数字普惠金融对区域技术创新的直接影响效应。回归结果表明,数字普惠金融对区域技术创新的影响仍然在 5% 的显著水平下显著为正,且系数小于未加入任何控制变量的回归系数,这不仅验证了本章所引入的相关控制变量会影响区域技术创新水平,而且还进一步验证了研究假设 H1 的正确性。

与此同时,在第(2)列的回归结果中还表明,国内生产总值的回归系数为 0.138,且在 10% 的显著水平下显著,这表示国内生产总值会促进区域技术创新的发展;净利润增长率的回归系数为 4.160,且在 1% 的显著水平下显著为正,这表示随着净利润增长率的提高,区域技术创新水平也会增加。现金比率在 1% 的显著水平下显著为负,这表示随着现金比率的提高,反而会抑制区域技术创新水平的发展。

从回归系数的角度上来看,净利润增长率的回归系数最大,这表明企业要不断提高自身的净利润增长率,这样才能促进自身技术创新水平的不断发展。而现金比率的回归系数最小,说明现金比率对区域技术创新水平的影响程度可能相对较小。

8.4.3 中介效应分析

研究假设 H1 成立说明数字普惠金融能够促进区域技术创新的发展,为了进一步探寻数字普惠金融对区域技术创新的作用传导机制,本章主要从产业结构升级的角度进行研究。通过参考武可栋等(2021)的研究方法,构建各企业的产业结构升级指数,以产业结构升级指数为中介变量建立中介效应模型来进行实证检验,检验结果如表 8-4 所示,其中第(1)列、第(2)列和第(3)列分别表示数字普惠金融对区域技术创新的影响效应、数字普惠金融对产业结构升级的影响效应以及数字普惠金融和产业结构升级共同影响区域技术创新的实证结果。

表 8-4　产业结构升级的中介效应

指标	区域技术创新 (RTIL)(1)	产业结构升级 (ISU)(2)	区域技术创新 (RTIL)(3)
数字普惠金融(DIFI)	0.160** (2.26)	0.053*** (34.62)	0.145** (1.99)
产业结构升级(ISU)			0.277 (0.84)
资产规模(lnTA)	−0.023 (−1.56)	−0.0002 (−0.66)	−0.023 (−1.55)
资产收益率(ROA)	−3.397*** (−4.94)	−0.013 (−0.86)	−3.394*** (−4.94)
国内生产总值(lnGDP)	0.138* (1.72)	−0.024*** (−14.19)	0.144* (1.79)
净利润增长率(NPR)	4.160*** (5.76)	0.022 (1.41)	4.154*** (5.75)
现金比率(CR)	−0.022*** (−4.12)	0.0003** (2.26)	−0.022*** (−4.14)
常数项	−0.165 (−0.17)	0.503*** (24.12)	−0.305 (−0.31)
个体效应	控制	控制	控制
时间效应	控制	控制	控制
N	22440	22440	22440
R^2	0.778	0.980	0.778

注:***、**、*分别表示在1%、5%、10%的水平上显著,括号内为标准误。

从回归结果来看,由(1)中列示的结果可知,数字普惠金融的系数为0.160,且数字普惠金融对区域技术创新的影响效果在5%的显著水平下显著,由(2)中列示的结果可知,数字普惠金融的系数为0.053,且数字普惠金融对产业结构升级的影响效果在1%的显著水平下显著,由(3)中列示的结果可知,数字普惠金融的系数为0.145且在5％的显著水平下显著,产业结构升级的系数为0.277但其检验结果并不显著。根据逐步检验法可以看出,所对应的回归方程(8-2)中的系数 α_1 和回归方程(8-3)中的系数 β_1 均是显著的,但是回归方程(8-4)中的系数 g_2 并不显著,接下来采用Boostrap检验法再次验证,95％的置信区间内不包含0,则中介效应显著。在第(3)列的回归结果中,数字普惠金融在5％的显著水平下显著为正,这表明产业结构升级起部分中介作用,因此,数字普惠金融能够通过产业结构升级这一渠道来提高区域技术创新能力。

由此可知,产业结构升级可以在数字普惠金融促进区域技术创新的过程中发挥中介作用,即消费者在产业结构升级的过程中会引发诸多需求,这将会促使各企业为了满足市场以及消费者的新需求而不断强化技术创新,从而推动区域技术创新水平的提升,证明了研究假设 H2 的正确性。

8.4.4　稳健性检验

8.4.4.1　替换解释变量

本节参考郭峰等(2020)构建的数字普惠金融指数的指标体系,将数字普惠金融指数划分为数字普惠金融覆盖广度(Coverage)和数字普惠金融使用深度(Usage)两个对称层面的维度,并用这两个子维度来检验模型的稳定性,检验结果见表8-5。

表 8-5　数字普惠金融两个对称子维度的检验结果

指标	区域技术创新(RTIL) (1)	区域技术创新(RTIL) (2)
数字普惠金融覆盖广度 (coverage)	0.104*** (2.85)	
数字普惠金融使用深度 (usage)		0.0366 (0.45)
资产规模 (lnTA)	−0.0283* (−1.79)	−0.0292* (−1.84)
资产收益率 (ROA)	−3.608*** (−5.03)	−3.640*** (−5.07)
国内生产总值 (LnGDP)	0.0777 (1.06)	0.0751 (1.03)
净利润增长率 (NPR)	4.421*** (5.76)	4.456*** (5.81)
现金比率 (CR)	−0.0203*** (−3.63)	−0.0193*** (−3.46)
常数项	1.667*** (4.19)	2.036*** (3.57)
个体效应	控制	控制
时间效应	控制	控制
N	22440	22440
R^2	0.778	0.778

注:***、**、* 分别表示在 1%、5%、10% 的水平上显著,括号内为标准误。

表 8-5 的第(1)列和第(2)列分别表示数字普惠金融覆盖广度和数字普惠金融使用深度对区域技术创新的影响效应。从表 8-5 的回归结果可以看出,数字普惠金融覆盖广度的回归系数为 0.104,且在 1% 的显著性水平下显著,这表明随着数字普惠金融覆

盖广度的不断扩展,能够不断激励区域技术创新;数字普惠金融使用深度的回归系数为 0.0366,数字普惠金融使用深度对区域技术创新具有促进作用但并未通过显著性检验。

具体来说,从数字普惠金融的覆盖广度上来看,数字普惠金融的覆盖广度主要包括支付宝的账户覆盖率、支付业务和货币基金业务 3 个维度。在衡量数字普惠金融覆盖广度指标时,与传统金融所体现的"金融机构数和金融服务人数"大不相同,数字普惠金融覆盖广度指标主要通过"电子账户数"进行体现。传统的金融部门经常受到地域和时点的限制,而依赖于互联网的数字普惠金融模式通常不会受到地域和时点的限制,这使得数字普惠金融越来越受欢迎,其覆盖广度也在不断扩大,这就为企业提高技术创新能力创造了良好的金融环境,同时也进一步体现了数字普惠金融所具有的"范围广"特征;从数字普惠金融的使用深度上来看,数字普惠金融的使用深度主要包括支付宝的信贷业务、保险业务、投资业务和信用业务 4 个维度,但由于各个企业之间的数字普惠金融使用深度存在较大的差异,所以很难从整体上判断数字普惠金融的使用深度对区域技术创新的影响效果,其结果还有待研究。综上所述,数字普惠金融能对区域技术创新的发展起到促进作用,即结论稳健。

8.4.4.2 变量滞后

由于上述模型并未将模型的内生性问题考虑进去,这可能导致模型的参数估计存在一定的偏差,此时采用常用的数字普惠金融指数的一阶滞后变量(梁榜和张建华,2019),对可能存在反向因果的内生性问题进行处理,结果如表 8-6 所示。

表 8-6　数字普惠金融一阶滞后变量的检验结果

指标	区域技术创新 （RTIL）	产业结构升级 （ISU）	区域技术创新 （RTIL）
滞后一阶.数字普惠金融 （L.DIFI）	0.160 ** （2.25）	0.058 *** （39.99）	0.139 * （1.87）
产业结构升级 （ISU）			0.360 （0.97）
资产规模 （lnTA）	0.017 （1.00）	0.0003 （1.00）	0.016 （0.99）
资产收益率 （ROA）	−2.957 *** （−4.00）	−0.005 （−0.32）	−2.955 *** （−3.99）
国内生产总值 （lnGDP）	0.181 ** （2.02）	−0.011 *** （−5.79）	0.185 ** （2.06）
净利润增长率 （NPR）	3.011 *** （3.89）	0.012 （0.78）	3.007 *** （3.88）
现金比率 （CR）	−0.019 *** （−2.96）	0.0001 （0.74）	−0.019 *** （−2.97）
常数项	−1.499 （−1.36）	0.327 *** （14.47）	−1.616 （−1.46）
个体效应	控制	控制	控制
时间效应	控制	控制	控制
N	19745	19745	19745
R^2	0.792	0.983	0.792

注：***,**,* 分别表示在 1％、5％、10％的水平上显著,括号内为标准误。

从表 8-6 的回归结果可以看出,数字普惠金融指数的回归系数为 0.160,且在 5％的显著水平下显著,其回归结果再次证明了假设 H1 的正确性,然后根据 Boostrap 检验法得到中介效应显著,且数字普惠金融的回归系数为 0.139,在 10％的显著水平下显著,再次表明产业结构升级起部分中介作用,即证明了假设 H2 的正确性。因此,在解决内生性的情况下,模型的结果仍然比较稳健。

从控制变量的角度上来看,资产规模的回归系数为 0.017,这表明资产规模对区域技术创新具有正向影响,但并未通过检验;资产收益率的回归系数为 -2.957,且在 1% 的显著水平下显著为负,这显示资产收益率会抑制区域技术创新能力;国内生产总值的回归系数为 0.181,且在 5% 的显著水平下显著为正,这显示国内生产总值对区域技术创新具有正向影响;净利润增长率的回归系数为 3.011,且在 1% 的显著水平下显著为正,这显示净利润增长率对区域技术创新具有正向促进作用;现金比率的回归系数为 -0.019,且在 1% 的显著水平下显著为负,这显示现金比率对区域技术创新具有负向显著的抑制作用。

8.4.4.3 工具变量法

除了上述所说的反向因果的内生性问题,模型还可能存在遗漏变量等内生性偏差。本节参考唐松等(2020)的研究方法,采用工具变量法进行研究,以各省的互联网普及率(INTERNET)作为工具变量来进行相关内生性问题的处理,数据主要来源于《中国互联网络发展状况统计报告》,在进行数字普惠金融的服务过程中,互联网是必不可少的,两者相互关联,并且互联网普及率对区域技术创新没有直接影响,符合工具变量的选取要求。采用两阶段最小二乘法(2sls)进行检验,检验结果如表 8-7 所示。

表 8-7 互联网普及率作工具变量的检验结果

指标	第一阶段 区域技术创新(RTIL)	第二阶段 区域技术创新(RTIL)
数字普惠金融(DIFI)		0.380** (2.54)
互联网普及率(INTERNET)	0.011*** (76.09)	
资产规模(lnTA)	−0.006*** (−4.66)	−0.022 (−1.44)
资产收益率(ROA)	−0.190*** (−3.07)	−3.335*** (−4.84)
国内生产总值(lnGDP)	−0.006 (−0.82)	0.133* (1.66)
净利润增长率(NPR)	0.169*** (2.66)	4.092*** (5.66)
现金比率(CR)	0.005*** (9.99)	−0.023*** (−4.32)
常数项	3.652*** (48.12)	−0.932 (−0.89)
个体效应	控制	控制
时间效应	控制	控制
F	78516.56***	
Wald 检验		85741.39***
N	22,440	22,440
R^2	0.874	0.047

注:***、**、*分别表示在1%、5%、10%的水平上显著,第一阶段和第二阶段括号内数值分别为 t 值和 z 值。

从表 8-7 的具体回归结果来看,第一阶段的回归结果表明,各省的网络普及率在第一阶段的 F 值为 78516.56,明显大于10,说明各省的网络普及率不是弱工具变量,其可以作为工具变量进行下一步的检验。第二阶段的回归结果表明,数字普惠金融回归系数为 0.380,在 1% 的显著水平下显著为正,这与基准回归的结果基本一致,说明本章的结论是稳健的。

8.4.5 异质性分析

8.4.5.1 产业特征异质性

本章参考彭红星等(2017)的研究,将所有的企业样本划分为高新技术企业和非高新技术企业,若为高新技术企业则取值为 1,否则为 0。对企业的产业特征做异质性检验,回归结果如表 8-8 所示,表 8-8 的第(1)列和第(2)列分别表示在非高新技术企业和高新技术企业下,数字普惠金融对区域技术创新的影响效应。

表 8-8　企业产业特征的异质性检验结果

指标	非高新技术企业	高新技术企业
	区域技术创新(RTIL)(1)	区域技术创新(RTIL)(2)
数字普惠金融(DIFI)	0.0393	0.168*
	(0.38)	(1.89)
资产规模(lnTA)	0.0616***	−0.00932
	(2.62)	(−0.44)
资产收益率(ROA)	−1.048	−3.872***
	(−1.03)	(−4.24)
国内生产总值(lnGDP)	−0.0654	0.105
	(−0.59)	(1.14)
净利润增长率(NPR)	1.155	4.801***
	(1.05)	(4.94)

续表

指标	非高新技术企业	高新技术企业
	区域技术创新(RTIL)(1)	区域技术创新(RTIL)(2)
现金比率(CR)	−0.0101 (−0.90)	−0.0212*** (−3.23)
常数项	−1.011 (−1.33)	1.221* (1.81)
个体效应	控制	控制
时间效应	控制	控制
N	5649	16713
R^2	0.775	0.745

注:***、**、*分别表示在1%、5%、10%的水平上显著,括号内为标准误。

数字普惠金融在产业特征方面对区域技术创新的影响具有一定的差异,在非高新技术企业分组下,数字普惠金融对区域技术创新的影响并不显著。而在高新技术企业分组下,数字普惠金融的回归系数为0.168,且在10%的显著水平下显著为正。这表明,与非高新技术企业相比,高新技术企业更加注重科技创新项目,企业对技术创新的投入力度更大,企业的技术创新意愿更为强烈,同时也体现了数字普惠金融对高新技术企业的创新作用明显高于非高新技术企业。由此可以看出,数字普惠金融的发展对区域技术创新的影响效果在高新技术企业中尤为突出,从而验证了研究假设H3正确。

8.4.5.2 区域异质性

将所有的企业样本按照所在位置划分为东、中、西部三个区域。对不同区域的企业做异质性检验,检验结果如表8-9所示。

表 8-9　企业区域异质性的检验结果

指标	东部	中部	西部
	区域技术创新（RTIL）	区域技术创新（RTIL）	区域技术创新（RTIL）
数字普惠金融（DIFI）	0.130* (0.97)	1.549*** (2.62)	−0.594 (−1.38)
资产规模（lnTA）	−0.067*** (−3.29)	0.040 (0.96)	0.012 (0.25)
资产收益率（ROA）	−3.221*** (−3.58)	−4.985** (−2.57)	−4.503** (−2.36)
国内生产总值（lnGDP）	0.232 (1.37)	0.558** (2.26)	−0.420* (−1.67)
净利润增长率（NPR）	3.807*** (4.04)	6.201*** (3.03)	5.884*** (2.95)
现金比率（CR）	−0.027*** (−3.55)	−0.012 (−0.65)	0.015 (0.79)
常数项	−0.020 (−0.01)	−12.850*** (−3.40)	8.185** (2.16)
个体效应	控制	控制	控制
时间效应	控制	控制	控制
N	13614	3358	2759
R^2	0.794	0.807	0.772

注：***、**、* 分别表示在 1％、5％、10％的水平上显著，括号内为标准误。

从回归结果来看，东部地区数字普惠金融的回归系数为 0.130，在 10％的显著水平下显著，这表明数字普惠金融对东部地区的区域技术创新具有促进作用；中部地区数字普惠金融的回归系数为 1.549，且在 1％的显著水平下显著，这表明数字普惠金融对中部地区的区域技术创新具有正向显著的促进作用；西部地区数字普惠金融的回归系数为-0.594,但没有通过显著性检验,这表明,在西部地区的数字普惠金融还未能对区域技术创新起到明显的激励作用。回归结果总体上说明,在三个地区的区域技术创新中,数字普惠金融对中部地区的区域技术创新的影响效应较为明显,验证了研究假设 H4 的正确性。

具体来看,在东部地区,企业的人力资本和制度环境等条件都处于较高的水平,创新的风险性和不确定性相对较低,数字普惠金融对其区域技术创新能力的发展具有促进作用。在中部地区,数字普惠金融在一定程度上能够促进区域技术创新的发展,其原因可能是,在经济发展不发达的中部地区,数字普惠金融的作用较为明显,数字普惠金融提高了企业融资的可得性,扩大了其覆盖范围,数字普惠金融的普惠性和便利性特点尤为突出,对创业和技术项目投资表现为较强的促进作用,从而推动区域技术创新的不断发展。与中部地区相比,西部地区的企业在其设施、技术、制度、环境等方面都不够完善,甚至存在一定的缺陷,具有高风险和不确定性,这对区域技术创新的发展极其不利,因此,就研究结果来看,数字普惠金融对西部地区的区域技术创新还未能起到明显的激励作用。综上所述,数字普惠金融对经济发展不发达的中部地区的激励效果更加显著。

8.5　本章小结

本章以 2011—2020 年各省的 A 股上市公司的面板数据展开实证研究,构建双向固定效应模型和中介效应模型,实证检验数字普惠金融对区域技术创新是否具有显著影响,以及影响是否具有稳健性,在企业产业特征和企业所属区域上是否具有显著差异,以及产业结构升级是否能在数字普惠金融对区域技术创新的影响过程中发挥中介作用。通过具体的实证检验结果得出以下结论:

第一,基准回归模型的回归结果显示,数字普惠金融对区域技术创新的发展具有正向显著的促进作用。采用数字普惠金融的两个对称子维度(覆盖广度和使用深度)替换核心解释变量进行稳健性检验,不仅进一步证明数字普惠金融能够促进区域技术创新的发展,还发现覆盖广度对区域技术创新的促进作用较为明显。接着采用滞后变量和工具变量法进行内生性处理,结论依旧稳健。

第二,构建以产业结构升级为中介变量的中介效应模型,其检验结果表明,产业结构升级的中介效应显著。因此,产业结构升级在数字普惠金融影响区域技术创新的过程中能够发挥中介传导作用。

第三,以产业结构升级为中介变量探讨数字普惠金融对各地区企业技术创新的影响效应存在异质性,对企业样本进行异质性检验发现,与非高新技术企业相比,数字普惠金融对高新技术企业创新发展的影响效果较为显著;在不同地区的企业中,数字普惠金融对东部和中部地区的区域技术创新发展都具有促进作用,而且数字普惠金融对经济发展不发达的中部地区的区域技术创新的激励效果更加显著。

9 研究结论、政策含义与研究展望

党的二十大报告提出要完善科技创新体系,营造创新氛围。随着我国经济的进一步发展,技术创新在促进企业发展、激励创新驱动发展战略以及寻求经济新增长点等方面发挥着重要作用。2024 年习近平总书记指出"新质生产力是创新起主导作用,摆脱传统经济增长方式、生产力发展路径,具有高科技、高效能、高质量特征,符合新发展理念的先进生产力质态"。因而,如何推动技术创新革命、数字创新和产业发展以引致发展新质生产力,通过深入研究金融工具支撑作用、提升区域技术创新能力、加大金融与科技深度融合等方面的内容,对于金融机构实施数字普惠金融发展战略和政府制定区域技术创新驱动发展战略乃至于推动新时代背景下的中国经济高质量发展,具有十分重要的现实意义和战略意义。

9.1 研究结论

本书在数字普惠金融理论、技术创新理论和信息不对称理论等相关理论的基础上,从非均衡发展、耦合机制和中介效应角度对数字普惠金融发展与区域技术创新水平提升展开全面系统的研究。本书首先分析了数字普惠金融发展与区域技术创新水平提升的研究现状和传导链条,围绕数字普惠金融非均衡发展现状及收敛性展开研究,紧接着探讨数字普惠金融与区域技术创新的耦合机制和空间溢出效应。在实证研究部分,本书紧密结合现实问题,在必要的研究假设预期框架下,通过运用 2011—2020 年全国各省份、地级市和县域的面板数据,基于缓解融资约束视角、人力资本积累视角、产业结构优化升级三个视角,通过中介效应分析数字普惠金融对区域技术创新水平的影响机制,并进行稳健性检验和异质性分析。研究结论部分验证了提出的假设。主要结论有以下五点。

第一,数字普惠金融发展和区域技术创新水平指数均呈现出年度及区域的双向不均衡,表现为年度时间序列呈现横向不均衡,区域呈现东中西部的省份、地市及县域的纵向不均衡。无论是省份或地市,抑或是数字普惠金融总指数或者 3 个子维度,其数字普惠金融发展水平之间的绝对差距都有逐年缩小的态势,最终会收敛至同一个稳态水平,但对于代表区域技术创新水平的 R&D 人员指标同样可以收敛至同一个稳态水平,而 R&D 支出和专利申请数处于不收敛状态。同时,各区域均存在条件收敛的特征,地市相比省份的条件收敛所需的时间更长。此外,达成数字普惠金融目标的总指数及三个子维度所需时间各不相同,总指数及覆盖广度所需时间相对较长,但使用深度所需时间随之减少,数字化程度所需时间最少。而代表区域技术创新水平的 R&D 人员指标在相应的时间能达到收敛稳态水平,但 R&D 支出(科研经费投入)和专利申请数(技术成果产出)两个指标无法在短期内达到均衡状态。

第二,我国大部分区域的数字普惠金融发展与技术创新之间存在初级耦合及以上关系,但仍有小部分区域处于极低耦合状态。某一区域的数字普惠金融的发展对周边地区的技术创新水平具有负向空间溢出效应,即不利于周边地区技术创新水平的发展。政府的干预程度虽然有利于本地区技术创新水平的发展但对具有相似经济特征的地区具有抑制作用。城市化水平则相反,不仅有利于本地区技术创新水平提升,还助于提升其他地区的技术创新水平。

第三,数字普惠金融可以通过缓解融资约束,拓宽融资渠道,对企业技术创新产生正向促进效应,融资约束在两者影响过程中发挥着中介作用。以缓解融资约束为中介变量探讨数字普惠金融对各地区企业技术创新的影响效应存在异质性,相比中部、东部和西部发挥着更为显著的正向效应。此外,各省企业技术创新指数存在正向空间相关性,省份之间企业技术创新指数具有空间依赖性,表现为企业技术创新指数相近相邻的省份存在空间集聚效应。

第四,数字普惠金融以智能合约、区块链技术等方式灵活金融资源运作模式,提高区域人才集聚优势从而促进技术创新,实证检验发现人力资本水平是数字普惠金融影响区域技术创新的中介变量。以人力资本积累为中介变量探讨发现数字普惠金融对各地区企业技术创新的影响效应存在异质性,以东部、中部、西部为序,影响程度依次递增。数字普惠金融的3个子维度对技术创新的影响存在差异,实证检验发现提高数字普惠金融覆盖广度和使用深度能够更显著地促进技术创新。

第五,产业结构升级在数字普惠金融影响区域技术创新的过程中发挥中介传导作用。以产业结构升级为中介变量探讨数字普惠金融对各地区企业技术创新的影响效应存在异质性,实证检验发现,与非高新技术企业相比,数字普惠金融对高新技术企业创新发展的影响效果较为显著。数字普惠金融对东部和中部地区的区域技术创新发展都具有促进作用,对经济发展不发达的中部地区的区域技术创新的激励效果更加显著。

9.2　政策含义

基于研究过程的结论,结合新形势下数字普惠金融发展和区域技术创新特点,分析其政策含义并提出以下七点政策建议:

第一,政策激励与措施创新。一方面,可以通过推行新的政策评估方案或者激励政策,改变各级政府的政策偏好,以选择有利于经济可持续发展的普惠金融和区域创新相关政策,提高金融与创新的技术成分,让资金与技术之间互联互通,将更多的资金投入符合市场需求及经济发展的技术研发项目中,让技术项目为数字普惠金融的快速发展赋能添翼。另一方面,加强通信网络、信用系统等基础设施的建设,政府部门加大对高新产业技术的支持,鼓励创新创业,扩大城市化规模,促进人才流通,以此加快数字普惠金融和技术创新非均衡发展的收敛速度,促使数字普惠金融进入区域均衡发展轨道,成为区域技术创新的稳定和充足的资金来源。

第二,重视数字普惠金融与区域技术创新的耦合交互作用。一方面,应加大数字普惠金融服务中数字技术创新的比重,通过加强技术培训教育,消除数字技能鸿沟,降低接入门槛,为数字普惠金融发展提供良好的先决条件。在制定鼓励技术创新的相关政策时,应当充分考虑周边区域的数字普惠金融发展战略对本区域的溢出效应,注重区域之间的协调推进。另一方面,应加快推进城镇化步伐,城镇化为数字普惠金融发展提供了更为有利的环境,也为技术创新活动的开展夯实了根基,通过加大科研投入,为技术创新水平的提高提供支持和动力。

第三,加大数字普惠金融的普及力度,重视融资约束问题。一方面,注重发挥数字普惠金融的特性,缓解中小型企业等弱势群体在技术研发项目的融资约束问题,从而提高金融资源利用率,有利于促进金融行业可持续均衡发展。另一方面,缓解融资约束问题有利于企业进行研发资源配置优化,以银行为主导的间接融资更有利于渐进性创新,以资本市场为主的直接融资更有利于突破性创新,通过提高企业技术渐进性创新和突破性创新,擦亮普惠金融底色,打造数字技术特色,提升技术创新成色,以助力经济发展方式转型升级,推动经济高质量发展。实现"数字技术创新,普聚金融服务,惠及千企万户"的发展愿景。

第四,大力推进数字普惠金融发展,人力资本是第一要素。通过加强数字普惠金融基础设施建设、推动金融科技创新、加强数据安全保护、拓展金融服务覆盖范围、提供易于访问的移动支付解决方案等措施促进技术创新。应加大已有数字普惠金融的创新人才和技术创新的研究人员培养力度,对于落后的区域人才培养应重点突出数量,而对于人力资本积累较高的区域应重点强调质量。一方面,通过数字普惠金融知识的持续性学习,提高金融行业工作人员的理论与实践能力,也使得创新企业用户或者创新项目能获得更为优质和精准的普惠金融服务。另一方面,创新企业和地方政府可以制定更具吸引力的人才引进政策,在开展科研活动中加强对科研人员的培养培训,提高科研人员的专业技术技能水平,政府应持续加大对科技以及教育等相关领域的财政支持,尤其注意人力资本水平相对落后地区的短板,对于该种类型区域可以给予更多的人才引进优惠政策,以此提高本区域技术创新人才整体素质,同时创新人力资本跨区域流动的机制体制。

第五,发挥数字普惠金融创新"激励效应"和区域技术创新行为的"外溢效应"。优先鼓励企业转型优化升级,产业结构升级的过程中往往伴随着消费需求的增加,这将会引致各企业为了满足市场以及消费者的新需求而不断强化技术创新,此时应加强与技术创新高水平区域的合作与产业关联,通过模仿学习以及研发要素的空间溢出等提高本区域的技术创新水平。一方面,可以利用数字普惠金融创新"激励效应"的空间外溢至产业的特点,通过学习经济背景相似地区先进的金融场景数字化赋值方法等助力区域内技术创新研发行为,切实提升区域内创新产出数量与市场认可度。另一方面,可以从政策层面科学地合理利用区域技术创新行为的"外溢效应",引导技术创新为区域内实体经济提质增效的步伐,加快产业数字化和数字产业化的发展进程,从而推动企业技术创新水平的提升。

第六,针对不同地区制定不同的数字普惠金融发展战略和区域技术创新驱动发展战略。一方面,要认识到东中西部的差距,实行差异化管理。数字普惠金融在中西部地区发挥重要作用,但与东部相比仍存在较大差距,因此需要完善中西部与数字普惠金融相关的制度和基础设施,同时,通过多渠道宣传数字普惠金融,提高农民、低收入人群对数字普惠金融的接受程度,同时针对不同地区推广差异化金融服务,建立更多样化的数字普惠金融服务体系。另一方面,要加强省份之间的合作共赢。空间计量模型分析结果显示,某一省份的技术创新水平会受到周边省份的正向影响,因此需要加强省份间合作,制定区域间发展规划,建立区域间竞争合作机制,推动区域间优化产业结构的良性互动,加强区域间人才、资源等共享,促进企业技术创新。

第七,树立数字普惠金融和区域技术创新的区域发展样板,以此辐射带动其他区域的发展。数字普惠金融对技术创新的影响效应呈现出东部、中部、西部依次递增的布局,因此应该进一步将各区域的数字普惠金融支持和区域技术创新水平提升的优势作为样板放大效果。首先,应加大区块链技术使用效率,提高大数据技术场景应用能力,为创新型企业、产业、技术项目等提供低成本、高效率、强安全的数字普惠金融服务。其次,针对不同地区的优势和特点,优化产业布局,推动产业结构的升级和优化,这有助于提高各地区的经济效益和竞争力,减少地区间的发展差距。最后,还要积极推动各地区教育和人才培养,鼓励人才的跨地区流动和交流,可以促进各地区人力资源的合理配置,推动技术创新和经济高质量发展。

9.3　研究展望

2023 年 10 月召开的中央金融工作会议提出,要做好科技金融、绿色金融、普惠金融、养老金融、数字金融五篇大文章。本章的研究通过深度融合"数字金融"与"普惠金融"两种特色金融,触及当前金融发展热点问题。受制于研究篇幅和研究能力,并着眼于弥补本章的研究不足,本章认为未来可在以下两个方面进一步开展研究,以期更全面和深入探析数字普惠金融发展态势。

　　第一,典型地区数据分析研究。各省的数据差异较大,不同省市、不同地区,乃至不同县域的数字普惠金融及区域技术创新情况各不相同。因此,未来研究应进一步加强这方面的分析,适当增加典型地区省份数据分析,并针对不同经济发展水平的地区展开异质性实证检验,以提高研究结论的普适度。

　　第二,数字普惠金融供给机构的延伸研究。数字普惠金融市场的供给主体已经呈现出明显的多维与多层次,不同供给主体普惠金融数字产品与数字服务的差异性会进一步凸显,对于数字普惠金融不同金融供给机构对区域技术创新的影响划分也需要更加详细具体,以使研究结论更具有说服力。

参考文献

白俊红,蒋伏心,2011.考虑环境因素的区域创新效率研究——基于三阶段DEA方法[J].财贸经济(10):104-112,136.

白钦先,秦援晋,王臻,2014.金融学的人文特性及其文化阐释[J].金融发展评论(2):130-144.

白钦先,谭庆华,2006.论金融功能演进与金融发展[J].金融研究(7):41-52.

白钦先,张志文,2008.金融发展与经济增长:中国的经验研究[J].南方经济(9):17-32,16.

贝多广,2016.普惠金融:理念、实践与发展前景[J].金融博览(7):60-61.

蔡沐君,2023.长三角地区数字普惠金融对区域科技创新水平的影响研究[D].重庆:重庆工商大学.

蔡荣鑫,2009."包容性增长"理念的形成及其政策内涵[J].经济学家(1):102-104.

曹晓雪,张子文,2022.数字金融与中小企业技术创新——"雨露均沾"抑或"厚此薄彼"?[J].金融发展研究(7):24-31.

曹志英,2022.数字普惠金融驱动区域创新的空间效应研究[D].呼和浩特:内蒙古财经大学.

曾之明,谭显合,陈姣瑛,2021.数字普惠金融发展能激励中小企业技术创新么?[J].区域金融研究(12):5-11.

陈加民,谢志忠,2020.农村信用社普惠金融发展水平问题研究:基于第一大股东视角[J].征信,38(12):69-75.

陈明华,刘华军,孙亚男,2016.中国五大城市群金融发展的空间差异及分布动态:2003—2013年[J].数量经济技术经济研究,33(7):130-144.

陈淑云,陶云清,2019."互联网+"、普惠金融与技术创新:影响机制及经验证据[J].科技进步与对策,36(4):17-24.

陈晓华,潘梦琴,2022.数字普惠金融会提高城市的创新水平吗?——来自我国269个城市的空间计量证据[J].浙江理工大学学报(社会科学版),48(1):1-12.

陈一洪,梁培金,2018.我国中小银行发展普惠金融面临的难题与破解路径[J].南方金融(12):88-96.

陈银娥,孙琼,徐文赟,2015.中国普惠金融发展的分布动态与空间趋同研究[J].金融经济学研究,30(6):72-81.

陈银飞,苗丽,2021.数字普惠金融、债务融资成本与中小企业技术创新[J].浙江金融(9):10-22.

程广斌,侯林岐,2021.财政分权视角下的地方政府竞争模式与区域技术创新研究[J].现代经济探讨(6):28-37.

刁其波,2017.基于金融供给视角的安徽省普惠金融发展水平评价研究[D].蚌埠:安徽财经大学.

董晓林,徐虹,2012.我国农村金融排斥影响因素的实证分析——基于县域金融机构网点分布的视角[J].金融研究(9):115-126.

董晓林,张晔,2021.自然资源依赖、政府干预与数字普惠金融发展——基于中国273个地市级面板数据的实证分析[J].农业技术经济(1):117-128.

董云飞,李倩,张璞,2019.我国普惠金融发展对农村居民消费升级的影响分析[J].商业经济研究(20):135-139.

杜传忠,张远,2020."新基建"背景下数字金融的区域创新效应[J].财经科学(5):30-42.

杜金岷,韦施威,吴文洋,2020.数字普惠金融促进了产业结构优化吗?[J].经济社会体制比较,No.212(6):38-49.

杜强,潘怡,2016.普惠金融对我国地区经济发展的影响研究——基于省际面板数据的实证分析[J].经济问题探索(3):178-184.

杜晓山,2010.小额信贷与普惠金融体系[J].中国金融(10):14-15.

封思贤,宋秋韵,2021.数字普惠金融发展对我国居民生活质量的影响研究[J].经济与管理评论(1):101-113.

冯兴元,燕翔,孙同全,2022.中国县域数字普惠金融的发展与动能:指数构成、测度结果与对策思考[J].农村金融研究(6):3-15.

付宏,毛蕴诗,宋来胜,2013.创新对产业结构高级化影响的实证研究——基于2000—2011年的省际面板数据[J].中国工业经济(9):56-68.

付蕾,2018.孟加拉国经济增长现状与潜力分析[D].昆明:云南财经大学.

付莎,王军,2018.中国普惠金融发展对经济增长的影响:基于省际面板数据的实证研究[J].云南财经大学学报(3):56-65.

甘敬如,2022.科技创新对数字普惠金融的影响效应研究[D].蚌埠:安徽财经大学.

高天天,滕子丰,2021.数字普惠金融与产业结构优化升级[J].经济研究参考(24):73-89.

高霞,2016.当代普惠金融理论及中国相关对策研究[D].沈阳:辽宁大学.

高岩芳,王伟,2019.基于主成分因子分析法的普惠金融绩效分析[J].内蒙古财经大学学报,17(1):13-16.

葛和平,张立,2021.数字普惠金融发展对产业结构升级的影响[J].财会月刊(9):135-141.

耿良,张馨月,2019.普惠金融非均衡发展的影响因素研究:基于空间溢出视角的实证分析[J].华东经济管理,33(5):108-115.

耿旭令,高歌,李秀婷,等,2022.数字普惠金融促进农村居民创业研究:基于CHFS数据的实证分析[J].运筹与管理,31(9):153-160.

顾海峰,张欢欢,2020.企业金融化、融资约束与企业创新——货币政策的调节作用[J].当代经济科学,42(5):74-89.

郭峰,孔涛,王靖一,等,2016.中国数字普惠金融指标体系与指数编制[R].北京大学数字金融研究中心工作论文.

郭峰,王靖一,王芳,等,2020.测度中国数字普惠金融发展——指数编制与空间特征[J].经济学(季刊),19(4):1401-1418.

郭海红,2019.中国农业绿色全要素生产率时空分异与增长路径研究[D].北京:中国石油大学(华东).

郭静怡,谢瑞峰,2021.数字普惠金融、融资约束与环境敏感企业投资效率:基于1173家上市企业面板数据[J].金融理论与实践(9):51-61.

郭田勇,丁潇,2015.普惠金融的国际比较研究——基于银行服务的视角[J].国际金融研究(2):55-64.

韩俊,2009.建立普惠型的农村金融体系[J].中国金融(22):11-12.

韩先锋,宋文飞,李勃昕,2019.互联网能成为中国区域创新效率提升的新动能吗?[J].中国工业经济(7):119-136.

何德旭,苗文龙,2015.金融排斥、金融包容与中国普惠金融制度的构建[J].财贸经济,36(3):5-16.

何晓夏,刘妍杉,2014.金融排斥评价指标体系与农村金融普惠机制的建构——基于云南省农村信用社联合社实践的分析[J].经济社会体制比较(3):70-82.

何宗樾,张勋,万广华,2020.数字普惠金融、数字鸿沟与多维贫困[J].统计研究(10):79-89.

胡国晖,雷颖慧,2012.基于商业银行作用及运作模式的普惠金融体系构建[J].商业研究(1):91-95.

胡伟,张可萌,许志勇,等,2024.数字普惠金融对中小企业技术创新的影响及传导路径研究[J].中国科技论坛(1):27-37.

胡文涛,2015.普惠金融发展研究——以金融消费者保护为视角[J].经济社会体制比较(1):91-101.

胡艳,汪徐,2019.长江经济带产业结构优化对区域创新绩效的影响差异分析[J].科技管理研究(14):86-93.

胡宗义,丁李平,刘亦文,2018.中国普惠金融发展的空间动态分布及收敛性研究[J].软科学,32(9):19-23.

胡宗义,刘亦文,袁亮,2013.金融均衡发展对经济可持续增长的实证研究[J].中国软科学(7):25-38.

黄凯南,郝祥如,2021.数字普惠金融是否促进了居民消费升级?[J].山东社会科学(1):117-125.

黄婷婷,高波,2020.金融发展、融资约束与企业创新[J].现代经济探讨(3):22-32.

惠献波,2021.数字普惠金融发展与城市全要素生产率——来自278个城市的经验证据[J].投资研究,40(1):4-15.

贾俊生,刘玉婷,2021.数字普惠金融、高管背景与企业创新——来自中小板和创业板上市公司的经验证据[J].财贸研究,32(2):65-76.

江振娜,谢志忠,2015.农村信用社金融服务水平测度及评价——以福建省为例[J].中共福建省委党校学报(3):92-98.

姜尚男,2020.交通基础设施与区域经济非均衡发展耦合关系研究[D].北京:北京交通大学.

蒋庆正,李红,刘香甜,2019.农村数字普惠金融发展水平测度及影响因素研究[J].金融经济学研究,34(4):123-133.

蒋长流,江成涛,2020.数字普惠金融能否促进地区经济高质量发展?——基于258个城市的经验证据[J].湖南科技大学学报(社会科学版),23(3):75-84.

焦瑾璞,黄亭亭,汪天都,2015.中国普惠金融发展进程及实证研究[J].上海金融(4):12-22.

靳涛,王卫卿,2022.人力资本结构提升、知识产权保护与技术进步——基于中国省级面板数据的实证检验[J].吉林大学社会科学学报,62(4):21-33,233.

鞠晓生,卢荻,虞义华,2013.融资约束、营运资本管理与企业创新可持续性[J].经济研究,48(1):4-16.

赖永剑,贺祥民,2017.我国区域金融包容水平的俱乐部收敛研究——采用非线性时变因子模型的实证分析[J].西部论坛,27(4):59-65.

黎传熙,2018.湾区区域经济下协同层城市发展战略新思考——以粤港澳大湾区肇庆市发展为例[J].天津商业大学学报,38(5):60-67.

黎翠梅,周莹,2021.数字普惠金融对农村消费的影响研究——基于空间计量模型[J].经济地理,41(12):177-186.

李宾,龚爽,曾雅婷,2022.数字普惠金融、融资约束与中小企业财务可持续[J].改革(5):126-142.

李朝阳,潘孟阳,李建标,2021.数字金融、信贷可得性与企业创新——基于金融资源水平的调节效应[J].预测(6):39-46.

李成,2019.中国普惠金融的供需非均衡与可持续发展思考[J].北京工业大学学报(社会科学版),19(4):87-93.

李大伟,陈金贤,2003.基于现代企业理论的技术创新金融支持系统研究[J].管理评论(6):36-41,64.

李东荣,2020.提升消费者数字金融素养需多方协力[J].清华金融评论(6):23-24.

李宏贵,曹迎迎,2020.新创企业的发展阶段、技术逻辑导向与创新行为[J].科技管理研究,40(24):127-137.

李建军,韩珣,2017.金融排斥、金融密度与普惠金融——理论逻辑、评价指标与实践检验[J].兰州大学学报(社会科学版),45(4):19-35.

李建军,韩珣,2019.普惠金融、收入分配和贫困减缓——推进效率和公平的政策框架选择[J].金融研究(3):129-148.

李建伟,2017.普惠金融发展与城乡收入分配失衡调整——基于空间计量模型的实证研究[J].国际金融研究(10):14-23.

李健,卫平,2016.金融在区域创新能力提升中的作用——基于中国省级面板数据的分析[J].城市问题(7):55-63.

李玲,2020.水资源非农化对粮食生产的影响及应对策略研究[D].泰安:山东农业大学.

李万君,龚璇,李艳军,2022.种子企业技术创新投入产出分析——政府支持下异质组织创新绩效的考察[J].当代经济管理,44(7):40-48.

李晓龙,冉光和,2021.数字金融发展如何影响技术创新质量?[J].现代经济探讨(9):69-77.

李永奎,刘晓康,2022.市场力量与政府作用——数字金融促进企业创新的机制探究[J].西部论坛(3):46-62.

李勇,屠梅曾,2011.企业集群中的创新传播动力学研究[J].科学学与科学技术管理(5):60-65.

李治国,车帅,王杰,2021.数字经济发展与产业结构转型升级——基于中国275个城市的异质性检验[J].广东财经大学学报,36(5):27-40.

李子丰,2022.中国数字普惠金融发展的区域差异及影响因素研究[D].天津:天津师范大学.

连耀山,2015.互联网环境下普惠金融发展研究——以中国邮政储蓄银行金融实践为例[J].中国农业资源与区划,36(3):86-90,148.

梁榜,张建华,2019.数字普惠金融发展能激励创新吗?——来自中国城市和中小企业的证据[J].当代经济科学(9):74-86.

梁双陆,刘培培,2019.数字普惠金融与城乡收入差距[J].首都经济贸易大学学报,21(1):33-41.

廖重斌,1999.环境与经济协调发展的定量评判及其分类体系——以珠江三角洲城市群为例[J].热带地理(2):76-82.

林春,孙英杰,2019.中国城市普惠金融发展的空间特征及影响因素分析:基于272个地级及以上城市面板数据[J].西南民族大学学报(人文社科版),40(6):129-138.

林春艳,孔凡超,2016.技术创新、模仿创新及技术引进与产业结构转型升级:基于动态空间 Durbin 模型的研究[J].宏观经济研究(5):106-118.

林政,李高勇,2016.互联网金融背景下的普惠金融发展研究[J].管理现代化,36(5):17-19.

刘波,王修华,彭建刚,2014.金融包容水平与地区收入差距——基于湖南省87 个县(市)2008—2012 年的经验数据[J].当代财经(11):46-56.

刘光彦,姜双双,2020.R&D 投入对企业成长性影响的实证研究——来自创业板上市公司的数据[J].山东社会科学(3):123-128.

刘莉,杨宏睿,2022.数字金融、融资约束与中小企业科技创新——基于新三板数据的实证研究[J].华东经济管理,36(5):15-23.

刘曙光,张涵,2017.人力资本与欧盟区域创新活动研究——基于探索性空间数据分析和地理加权回归模型[J].科技管理研究(19):155-163.

刘伟,戴冰清,2022.数字金融赋能企业创新——结构、功能与传导路径[J].金融发展研究(3):39-49.

刘湘云,韦施威,刘兆庆,2018.群体动力学视角下科技创新与金融创新耦合机制研究——以广东省为例[J].科技管理研究,38(15):15-25.

刘雪晨,2019.中国经济增长中的多维均衡测度研究[D].太原:山西财经大学.

尤云飞,王丹,2017.普惠金融发展评价及影响因素分析——以四川省为例[J].技术经济与管理研究(10):82-85.

娄飞鹏,2014.普惠金融发展中的商业银行产品创新问题分析[J].金融发展研究(6):40-43.

娄祝坤,黄妍杰,陈思雨,2019.集团现金分布、治理机制与创新绩效[J].科研管理,40(12):202-212.

陆凤芝,黄永兴,徐鹏,2017.中国普惠金融的省域差异及影响因素[J].金融经济学研究(1):111-120.

陆岷峰,葛和平,2016.普惠金融指标评价体系的构建及应用研究:以江苏普惠金融发展为例[J].济南大学学报(社会科学版),26(5):71-78.

陆岷峰,葛和平,2017.发展普惠金融的关键在于提升服务客体的履责能力——基于普惠金融中公平享有权主、客体的博弈分析[J].经济与管理,31(4):43-48.

吕勇斌,邓薇,颜洁,2015.金融包容视角下我国区域金融排斥测度与影响因素的空间分析[J].宏观经济研究(12):51-62.

马光荣,杨恩艳,2011.社会网络、非正规金融与创业[J].经济研究,46(3):83-94.

马九杰,2008.社会资本与农户经济:信贷融资·风险处置·产业选择·合作行动[M].北京:中国农业科学技术出版社.

马九杰,沈杰,2010.中国农村金融排斥态势与金融普惠策略分析[J].农村金融研究(5):5-10.

马李涛,徐翔,孙硕,2016.普惠金融与经济增长[J].金融研究(4):1-16.

马林静,王雅鹏,吴娟,2015.中国粮食生产技术效率的空间非均衡与收敛性分析[J].农业技术经济(4):4-12.

马彧菲,杜朝运,2016.普惠金融指数的构建及国际考察[J].国际经贸探索,32(1):105-114.

孟晓倩,吴传清,2022.数字金融对区域创新生态影响研究[J].中国软科学(9):161-171.

苗苗,苏远东,朱曦,等,2019.环境规制对企业技术创新的影响——基于融资约束的中介效应检验[J].软科学,33(12):100-107.

缪建文,2018.浅析普惠金融的减贫效应[J].全国流通经济(2):52-53.

聂秀华,2020.数字普惠金融促进中小企业技术创新的路径与异质性研究[J].西部论坛,30(4):37-49.

聂秀华,吴青,2021.数字普惠金融对中小企业技术创新的驱动效应研究[J].华东经济管理(3):42-53.

欧理平,2016.普惠金融对商业银行盈利可持续性的影响研究[J].学术论坛,39(4):41-45.

潘功胜,2015.关于构建普惠金融体系的几点思考[J].上海金融(4):3-5.

彭红星,毛新述,2017.政府创新补贴、公司高管背景与研发投入——来自我国高科技行业的经验证据[J].财贸经济,38(3):147-161.

彭兴韵,2003.过去五年中国金融改革与发展评述[J].银行家(4):18-21.

齐巍巍,2014.依托移动金融推动普惠金融可持续发展[J].农村金融研究(8):12-15.

钱海章,陶云清,曹松威,2020.中国数字金融发展与经济增长的理论与实证[J].数量经济技术经济研究,37(6):26-46.

乔国平,2020.碳排放交易制度对企业创新激励研究——基于企业现金流和资产收益率视角的分析[J].价格理论与实践(10):167-170.

邱国栋,马巧慧,2013.企业制度创新与技术创新的内生耦合——以韩国现代与中国吉利为样本的跨案例研究[J].中国软科学(12):94-113.

冉笑影,2015.河南省普惠金融水平测度和影响因素分析[D].广州:暨南大学.

任碧云,李柳颖,2019.数字普惠金融是否促进农村包容性增长——基于京津冀2114位农村居民调查数据的研究[J].现代财经(天津财经大学学报),39(4):3-14.

任碧云,刘佳鑫,2021.数字普惠金融发展与区域创新水平提升——基于内部供给与外部需求视角的分析[J].西南民族大学学报(人文社会科学版),42(2):99-111.

绍云飞,唐小我,詹坤等,2021.区域技术创新的形成机理与运行机制研究[M].北京:科学出版社:219-222.

沈丽,张好圆,李文君,2019.中国普惠金融的区域差异及分布动态演进[J].数量经济技术经济研究,36(7):62-80.

盛丹,王永进,2013.产业集聚、信贷资源配置效率与企业的融资成本——来自世界银行调查数据和中国工业企业数据的证据[J].管理世界,No.237(6):85-98.

宋丰文,刘禹君,2022.中国企业技术创新影响因素研究[J].投资与创业,33(16):39-41.

宋涛,荣婷婷,2016.人力资本的集聚和溢出效应对绿色生产的影响分析[J].江淮论坛(3):46-53.

宋晓玲,2017.数字普惠金融缩小城乡收入差距的实证检验[J].财经科学(6):14-25.

苏任刚,赵湘莲,胡香香,2020.普惠金融能成为促进中国产业结构优化升级的新动能吗?——基于互联网发展的机制分析[J].技术经济,39(4):39-52.

苏屹,安晓丽,王心焕,等,2017.人力资本投入对区域创新绩效的影响研究—基于知识产权保护制度门限回归[J].科学学研究,35(5):771-781.

孙继国,胡金焱,杨璐,2020.发展普惠金融能促进中小企业创新吗?——基于双重差分模型的实证检验[J].财经问题研究(10):47-54.

孙英杰,林春,2018.普惠金融发展的地区差异、收敛性及影响因素研究——基于中国省级面板数据的检验[J].经济理论与经济管理(11):70-80.

孙玉洁,2021.数字普惠金融对区域创新的影响效应研究[D].济南:山东财经大学.

唐倩倩,何启志,2022.数字普惠金融、技术创新与产业结构升级[J].长春理工大学学报(社会科学版)(3):97-104.

唐松,伍旭川,祝佳,2020.数字金融与企业技术创新——结构特征、机制识别与金融监管下的效应差异[J].管理世界,36(5):52-66,9.

唐文进,李爽,陶云清,2019.数字普惠金融发展与产业结构升级——来自283个城市的经验证据[J].广东财经大学学报,34(6):35-49.

唐绪兵,钟叶姣,2005.论我国技术创新的金融支持[J].财经理论与实践(5):

65-68.

唐亚晖,刘吉舫,2019.普惠金融的理论与实践——国内外研究综述[J].社会科学战线(7):260-265.

田霖,2013.金融普惠、金融包容与中小企业融资模式创新[J].金融理论与实践(6):17-20.

万佳彧,周勤,肖义,2020.数字金融、融资约束与企业创新[J].经济评论(1):71-83.

汪芳,高悦娴,2021.人力资本与区域技术创新效率——基于劳动力市场化的调节作用[J].经济研究参考(1):100-116.

汪雯羽,贝多广,2022.数字普惠金融、政府干预与县域经济增长——基于门限面板回归的实证分析[J].经济理论与经济管理,42(2):41-53.

汪亚楠,徐枫,郑乐凯,2020.数字金融能驱动城市创新吗?[J].证券市场导报(7):9-19.

汪颖栋,2021.数字普惠金融对我国高质量发展的影响研究[D].武汉科技大学.

王婧,胡国晖,2013.中国普惠金融的发展评价及影响因素分析[J].金融论坛(6):31-36.

王坤,2022.数字金融对企业雇佣影响实证研究[D].昆明:云南财经大学.

王立平,申建文,2016.手机银行与农村普惠金融[J].中国金融(3):50-51.

王帝,刘凌燕,2022.数字普惠金融与区域创新的交互影响及空间溢出——基于空间联立方程和异质性 SDM 的实证检验[J].金融发展研究(9):26-35.

王淑英,常乐,2020.创新投入、政府支持与区域创新——基于创新价值链的视角[J].科技管理研究(12):46-54.

王雪,何广文,2020.中国县域普惠金融发展的空间非均衡及收敛性分析[J].现代经济探讨(2):41-49.

王洋,谢钟慧,李新月,2021.数字普惠金融与创新发展耦合协调发展研究

[J].哈尔滨商业大学学报(社会科学版)(6):17-26.

王永中,2007.浅析金融发展、技术进步与内生增长[J].中国社会科学院研究生院学报(4):59-65.

王珍义,2014.政治关联与中小高新技术企业技术创新 理论模型与实证分析[M].北京:中国政法大学出版社.

韦颜秋,王树春,2019.服务"三农"商业银行普惠金融的供给策略研究[J].贵州社会科学(8):116-121.

温忠麟,叶宝娟,2014.中介效应分析:方法和模型发展[J].心理科学进展,22(5):731-745.

温忠麟,张雷,侯杰泰,等,2004.中介效应检验程序及其应用[J].心理学报,36(5):614-620.

吴庆田,朱映晓,2021.数字普惠金融对企业技术创新的影响研究——阶段性机制识别与异质性分析[J].工业技术经济(3):143-151.

伍旭川,肖翔,2014.基于全球视角的普惠金融指数研究[J].南方金融(6):15-20.

武可栋,阎世平,2021.数字技术发展与中国创新效率提升[J].企业经济,40(7):52-62.

武晓岛,陈岩,2014.透过移动金融技术看商业银行如何拓展普惠金融业务[J].农村金融研究(8):16-19.

夏峰,谢佳斌,熊佳,等,2014.深市上市公司股权激励实施情况调查分析[J].证券市场导报,(9):45-51.

肖远飞,李易阳,2022.数字普惠金融影响区域技术创新的空间效应[J].科技和产业,22(1):125-133.

肖智敏,谈元元,2022.从企业创新角度看数字普惠金融对产业结构升级的影响——以甘肃省 14 个市州为例[J].甘肃金融(5):35-38.

谢丽娟,王露,刘心怡,2024.数字普惠金融对区域创新的影响机制:基于不同创新层次的维度[J].金融与经济(3):85-94.

邢培学,窦荣荣,卢耀辉,2022.数字普惠金融与贫困减缓——驱动效应与机制研究[J].黑龙江金融(9):61-70.

熊雯婕,殷凤,2020.互联网金融发展提升了区域创新效率吗?——基于空间杜宾模型的实证分析[J].技术经济,39(9):73-81.

徐光顺,蒋远胜,王玉峰,2018.技术与农户普惠金融[J].农业技术经济(4):98-110.

徐洁香,邢孝兵,2019.制造业结构升级对技术创新的影响研究——基于技术机会的视角[J].南京财经大学学报(2):21-31.

徐章星,2021.数字普惠金融发展促进了城市创新吗?——基于空间溢出和门槛特征的实证分析[J].南方金融(2):53-66.

徐子尧,张莉沙,刘益志,2020.数字普惠金融提升了区域创新能力吗?[J].财经科学(11):17-28.

许瑶,纪建悦,许玉洁,2020.中国养殖海域利用效率空间非均衡格局及成因[J].资源科学,42(11):2158-2169.

薛薇,2011.我国农村金融服务功能强化及路径选择[J].农村经济(12):87-91.

晏海运,2013.中国普惠金融发展研究[D].北京:中共中央党校.

严青,2014.当前中国农户小额信贷几个问题研究[D].成都:西南财经大学.

杨帆,王满仓,2021.融资结构、信息技术与创新能力——数理分析与实证检验[J].中国科技论坛(1):73-83,94.

杨刚,张亨溢,2022.数字普惠金融、区域创新与经济增长[J].统计与决策,38(2):155-158.

杨佳,陆瑶,李纪珍,2022.数字时代下普惠金融对创业的影响研究——来自中国家庭微观调查的证据[J].管理科学学报,25(11):43-68.

杨军,张龙耀,马倩倩,等,2016.县域普惠金融发展评价体系研究——基于江苏省52个县域数据[J].农业经济问题(11):24-31.

杨君,肖明月,吕品,2021.数字普惠金融促进了小微企业技术创新吗?——

基于中国小微企业调查(CMES)数据的实证研究[J].中南财经政法大学学报,No.247(4):119-131,160.

杨丽平,2017.提升大型银行普惠金融服务能力[J].中国金融(22):17-19.

杨涛,2022.厘清数字普惠金融发展的思路与重点[J].中国党政干部论坛(5):65-68.

杨伟明,粟麟,王明伟,2020.数字普惠金融与城乡居民收入——基于经济增长与创业行为的中介效应分析[J].上海财经大学学报,22(4):83-94.

叶耀明,王胜,2007.金融中介对技术创新促进作用的实证分析——基于长三角城市群的面板数据研究[J].商业研究(8):106-111.

余亮亮,蔡银莺,2014.粮食主产区和主销区发展非均衡的表现及根源分析[J].水土保持研究,21(4):208-213.

喻平,豆俊霞,2020.数字普惠金融发展缓解了中小企业融资约束吗?[J].财会月刊(3):140-146.

原东良,尚铎,2019.普惠金融可以促进区域技术创新吗?——基于中国省际面板数据的实证分析[J].金融与经济(6):22-28.

张兵,张洋,2017.县域普惠金融发展水平测度及影响因素分析——基于面板数据的空间计量模型[J].江苏农业科学,45(10):307-311.

张彩云,2016.中国普惠金融发展程度及影响因素的实证研究[D].济南:山东财经大学.

张栋浩,尹志超,2018.金融普惠、风险应对与农村家庭贫困脆弱性[J].中国农村经济(4):54-73.

张根林,段恬,2020.国有资本、融资约束与民营企业技术创新——基于混合所有制改革背景[J].会计之友(2):146-152.

张国俊,周春山,许学强,2014.中国金融排斥的省际差异及影响因素[J].地理研究,33(12):2299-2311.

张海峰,2010.商业银行在普惠金融体系中的角色和作用[J].农村金融研究(5):18-24.

张珩,罗剑朝,郝一帆,2017.农村普惠金融发展水平及影响因素分析——基于陕西省107家农村信用社全机构数据的经验考察[J].中国农村经济(1):2-15.

张宽,黄凌云,2022.结构的力量——人力资本升级、制度环境与区域创新能力[J].当代经济科学,44(6):28-41.

张黎娜,千慧雄,2020.区域金融发展对技术创新的双重作用机制研究[J].金融经济学研究,35(1):104-116.

张林,曹星梅,丁晓兰,2023.数字普惠金融对民营经济增长的影响效应及异质性[J].西南大学学报(社会科学版),49(5):116-129.

张秋燕,齐亚伟,2016.地区规模、集聚外部性与区域创新能力——对中国工业行业的门槛效应检验[J].科技进步与对策,33(8):35-40.

张晓琳,董继刚,2017.农村普惠金融发展评价分析——来自山东的实证研究[J].东岳论丛,38(11):118-126.

张晓燕,李金宝,2021.数字普惠金融、融资约束与企业价值——基于中国2011—2018上市A股公司的经验数据[J].金融发展研究(8):20-27.

张璇,李子健,李春涛,2019.银行业竞争、融资约束与企业创新——中国工业企业的经验证据[J].金融研究(10):98-116.

张雪琳,贺正楚,任宇新,2022.中国区域工业企业技术创新效率研究——整体创新和阶段创新的视角[J].科学决策,(10):1-19.

张扬,2020.三江平原耕地生产力演变与预测研究[D].哈尔滨:东北农业大学.

张宇,赵敏,2017.农村普惠金融发展水平与影响因素研究——基于西部六省的实证分析[J].华东经济管理,31(3):77-82.

张志强,2012.金融发展、研发创新与区域技术深化[J].经济评论(3):82-92.

张忠宇,2016.我国农村普惠金融可持续发展问题研究[J].河北经贸大学学报,37(1):80-85.

张子豪,谭燕芝,2018.数字普惠金融与中国城乡收入差距——基于空间计量模型的实证分析[J].金融理论与实践(6):1-7.

赵孟惟,2019.基于变异系数法对我国普惠金融发展水平测度的研究[J].吉林金融研究(1):14-18,37.

赵庆,2018.产业结构优化升级能否促进技术创新效率?[J].科学学研究(2):239-248.

郑万腾,赵红岩,2021.数字金融发展能驱动区域技术创新收敛吗?——来自中国284个城市的经验证据[J].当代经济科学,43(6).

郑万腾,赵红岩,范宏,2021.数字普惠金融发展对区域创新的激励效应研究[J].科研管理(4):138-146.

郑雅心,2020.数字普惠金融是否可以提高区域创新产出?——基于我国省际面板数据的实证研究[J].经济问题(10):53-61.

郑志来,2018.供给侧视角下商业银行结构性改革与互联网金融创新[J].经济体制改革(1):130-135.

钟优慧,杨志江,2021.国有企业是否更愿意绿色技术创新?——来自制造业上市公司的实证研究[J].云南财经大学学报,37(5):88-98.

周江华,顾柠,张可欣,2022.扩大高水平对外开放对企业成长性和创新绩效的影响研究[J].北京师范大学学报(社会科学版)(4):123-132.

周立,2016.金融排斥、金融排异与农村金融普惠[M].北京:中国农业出版社.

周少甫,陈亚辉,袁青青,2021.数字普惠金融对地区技术创新效率的影响研究——基于地级市面板数据的实证分析[J].金融与经济(5):34-41.

周月书,彭媛媛,2017.双重目标如何影响了农村商业银行的风险?[J].中国农村观察(4):102-115.

周振江,郑雨晴,李剑培,2021.数字金融如何助力企业创新——基于融资约束和信息约束的视角[J].产经评论,12(4):49-65.

朱建华,王虹吉,郑鹏,2019.贵州省循环经济与绿色金融耦合协调发展研究[J].经济地理,39(12):119-128.

朱杰敏,2022.创新投入对区域科技创新能力的影响研究——以江苏省为例 [J].科技和产业,22(10):104-111.

庄旭东,王仁曾,2021.数字普惠金融能促进产业创新成果转化吗? [J].现代经济探讨(6):58-67.

邹国平,刘洪德,王广益,2015.我国国有企业规模与研发强度相关性研究 [J].管理评论,27(12):171-179.

邹新月,王旺,2021.中国数字金融与科技创新耦合协调发展的时空演变及其交互影响[J].广东财经大学学报,36(3):4-17.

ACEMOGLU D, ZILIBOTTI F, 1997. Was prometheus unbound by chance? risk, diversification, and growth[J]. Journal of political economy, 105(4): 709-751.

AGA G A, PERIA M S M, 2014. International remittances and financial inclusion in sub-Saharan Africa [R]. World bank policy research working paper.

ALLEN F, DEMIRGUC-KUNT A, KLAPPER L, et al, 2016. The foundations of financial inclusion: understanding ownership and use of formal accounts[J]. Journal of financial intermediation(27) : 1-30.

ANDRADE ERON, PASSOS, PEREIRA JADIEL DOS SANTOS, et al., 2022. An exploratory analysis of Brazilian universities in the technological innovation process [J]. Technological forecasting & social Change,182.

ANZOATEGUI D, DEMIRGUÇ-KUNT A, PERíA M S M, 2014. Remittances and financial inclusion: evidence from El salvador[J]. World development(54) : 338-349.

APPLEYARD L, 2011. Community Development Finance Institutions (CDFIs): Geographies of financial inclusion in the US and UK[J]. Geoforum, 42(2) : 250-258.

ARORA, RASHMI U, 2010. Measuring financial access[R]. Griffith University, Discussion papers economics.

BALSMEIER B, CZARNITZKI D, 2014. How important is industry-specific managerial experience for innovative firm performance[J]. ZEW discussion papers(14):1.

BEAUDOING H, M RODELL, NASA/GSFC/HSL (2020), GLDAS Noah Land Surface Model L4 monthly 0.25×0.25 degree V2.1, Greenbelt, Maryland, USA, Goddard Earth Sciences Data and Information Services Center (GES DISC), Accessed: [Data Access Date], 10.5067/SXAVCZFAQLNO.

BECK THORSTEN, ASLI DEMIRGUC-KUNT, MARIA SOLEDAD MARTINEZ PERIA, 2007. Reaching out: access to and use of banking services across countries [J]. Journal of financial economics, 85: 234-266.

BESTER H, CHAMBERLAIN D, KOKER L DE, et al., 2008. Implementing FATF standards in developing countries and financial inclusion: findings and guidelines[R]. FIRST Initiative (World Bank).

BIHARI S C, 2011. Financial inclusion for Indian scene[J]. SCMS journal of Indian management(9):7-18.

CARTER D, 2013. Urban regeneration, digital development strategies, and the knowledge economy:manchester case study[J]. Journal of the knowledge economy(4):169-189.

CASTELLANI D, PIVA M, SCHUBERT T, et al., 2019. R&D and productivity in the US and the EU: sectoral specificities and differences in the crisis [J]. Technological forecasting and social change (138): 279-291.

CHAKRAVARTY S R, PAL R, 2013. Financial inclusion in India: An axiomatic approach[J].Journal of Policy Modeling, 35(5):813-837.

CHITHRA N, SELVAM M, 2013. Determinants of financial inclusion: an empirical study on the inter-state variations in India[J]. SSRN electronic journal.

CHOU Y K,CHIN M S,2009. Financial innovations and technological innovations as twin engines of economic growth[R]. Working paper of department of economics,University of Melbourne:1-10.

CHOWDHURY R H, MAUNG M, 2012. Financial market development and the effectiveness of R&D investment: evidence from developed and emerging countries[J]. Research in international business and finance, 26(2): 258-272.

CLAESSENS S, 2006. Access to financial services: a review of the issues and public policy objectives[J]. World bank research observer, 21(2) : 207-240.

DAVID M, 2022. Industry 4.0 in finance: the impact of artificial intelligence (AI) on digital financial inclusion[J]. International journal of financial studies,8(3).

FROST J, GAMBACORTA L, HUANG Y, et al., 2019. Big tech and the changing structure of financial intermediation[J] . Economic policy (100):761-799.

FUNGACOVA Z, WEILL L, 2015. Understanding financial inclusion in China[J]. China economic review,34:196-206.

GIMET C, LAGOARDE-SEGOT T, 2012. Financial sector development and access to finance:does size say it all?[J].Emerging markets review, 13(3):316-337.

GUPTE R, VENKATARAMANI B, GUPTA D, 2012. Computation of financial inclusion index for India[J]. Procedia-social and behavioral sciences, 37(1):133-149.

HADLOCK J C, PIERCE R J,2010. New evidence on measuring financial constraints: Moving beyond the KZ index[J]. The review of financial studies,23(5):1909-1940.

HALL B H, JAFFE A, TRAJTENBERG M,2005. Market value and patent citations[J]. RAND journal of economics:16-38.

HRACS B J, 2012. A creative industry in transition: the rise of digitally driven independent music production [J]. Growth and change (43): 442-461.

JUKAN M, K BABAJIC A, SOFTIC A, 2017. Measuring financial inclusion in western Balkan Countries—a compatative survey [C]. Research gate.

KAPLAN S N, L ZINGALES, 1997. Do investmentcash flow sensitivities provide useful measures of financing constraints?[J] The quarterly journal of economics,112(1):169-215.

KHURANA I K, MARTIN X, PEREIRA R, 2006. Financial development and the cash flow sensitivity of cash [J]. Journal of financial and quantitative analysis, 41(4):787-807.

KING R G, LEVINE R, 1993. Finance, entrepreneurship and growth [J].Journal of monetary economics(3).

LAGNA A, RAVISHANKAR,2021. Making the world better place with fintech research[J].Information systems journal,1:42.

LEE I, SHIN Y J, 2018. Fintech: ecosystem, business models, investment decisions, and challenges [J]. Business horizons, 61 (1): 35-46.

LEYSHON A, THRIFT N, 1993. The restructuring of the UK financial services industry in the 1990s: a reversal of fortune?[J].Journal of rural studies, 9(3):223-241.

LIN M F, PRABHALA N R, VISWANATHAN S, 2013. Judging borrowers by the company they keep: friendship networks and information symmetry in online peer-to-peer lending [J]. Management science, 59 (1):17-35.

LORENZEN M, K V ANDERSEN, 2009. Centrality and creativity: does Richard Florida's creative class offer new insights into urban hierarchy? [J]. Economic geography(85):363-390.

LYNN G S, MORONE J G, PAULSON A S, 1996. Marketing and discontinuous innovation: the probe and learn process[J]. California management review(3):8-37.

MARCO DA RIN, THOMAS HELLMANN, 2002. Banks as catalysts for industrialization[J]. Journal of financial intermediation,11(4).

MARQUIS D G, 1969. The anatomy of successful innovation[J]. Innovation magazine(7):28-37.

MILLER S, M UPADHYAY, 2002. Total factor productivity and the convergence hypothesis[J]. Journal of macroeconomics,24:267-286.

MIRIAM BRUHN, INESSA LOVE, 2014. The real impact of improved access to finance: evidence from Mexico[J]. The journal of finance, 69 (3).

MOLYNEUX P, VALELADO E, 2008. Frontiers of banks in a global economy[M]. UK: Palgrave Macmillan.

MUESER R, 1985. Identifying technical innovations [J]. IEEE transactions on engineering management, EM-32(4):158-176.

NELSON R, WINTER S G, 1982. The Schumpeterian trade off revisited [J]. The American economic review(1):114-132.

PAL S, BANDYOPADHYAY I, 2022. Impact of financial inclusion on economic growth, financial development, financial efficiency, financial stability, and profitability: international evidence[J]. SN business & economics(2).

PITTAWAY L, ROBERTSON M, MUNIR K, et al, 2004. Networking and innovation: a systematic review of the evidence [J]. International journal of management reviews, 5-6(3-4):137-168.

PORTER M, 1992. Capital disadvantage: America's falling capital investment system[J]. Harvard business review(20):12-14.

PRIYADARSHEE A, HOSSAIN F, ARUN T, 2010. Financial inclusion and social protection: a case for India[J]. Post Competition & Change, 143(4): 324-342.

PURVA, KHERA, STEPHANIE, 2022. Measuring digital financial inclusion in emerging market and developing economies: a new index [J]. Asian economic policy review.

RAHMAN Z A, 2013. Developing a financial inclusion index [R]. Central banking.

SARMA M, PAIS J, 2011. Financial inclusion and development[J]. Journal of international development, 23(5):613-628.

SOLO C S, 1951. Innovation in the capitalist process: a critique of the Schumpeterian theory[J]. The quarterly journal of economics, 65(3): 417-428.

TEIRLINCK PETER, KHOSHNEVIS PEGAH, 2022. SME efficiency in transforming regional business research and innovation investments into innovative sales output[J]. Regional studies, 56(12).

WHITED M T, WU G, 2006. Financial constraints risk[J]. The review of financial studies, 19(2):531-559.

YI J, MURPHREE M, MENG S, et al., 2021. The more the merrier?

Chinese government R&D subsidies, dependence and firm innovation performance[J]. Journal of product innovati on management:1-22.

YU WANG, WEI YAN, ZHENG SHIYING, et al., 2023. Nonlinear impact of the digital inclusive finance on enterprise technological innovation based on the AK model and PSTR empirical analysis[J]. Journal of global information management,31(3):1-23.